CURSUS

Arbeitsheft 2
mit Lösungen
Zu den Lektionen 21–32
Ausgabe A

Herausgegeben von Michael Hotz und
Prof. Dr. Friedrich Maier

Bearbeitet von Britta Boberg und Andrea Wilhelm

C.C.Buchner Verlag, Bamberg
J. Lindauer Verlag, München
Oldenbourg Schulbuchverlag, München

Cursus, Ausgabe A
Herausgegeben von Michael Hotz und Prof. Dr. Friedrich Maier

Arbeitsheft 2
mit Lösungen
Zu den Lektionen 21–32
Bearbeitet von Britta Boberg und Andrea Wilhelm

Bildnachweis

Titelbild: akg-images/Manuel Cohen

bpk-Bildagentur/Antikensammlung, SMB, Johannes Laurentius – S. 11;
bpk-Bildagentur/Alfredo Dagli Orti – S. 28; www.wikimedia.org/Bibi Saint-Pol – S. 26

1. Auflage, 2. Druck 2019
Alle Drucke dieser Auflage sind, weil untereinander unverändert, nebeneinander benutzbar.

© 2017 C.C.Buchner Verlag, Bamberg
    Cornelsen Verlag GmbH, Berlin

Das Werk und seine Teile sind urheberrechtlich geschützt. Jede Nutzung in anderen als den gesetzlich zugelassenen Fällen bedarf der vorherigen schriftlichen Einwilligung des Verlages. Das gilt insbesondere auch für Vervielfältigungen, Übersetzungen und Mikroverfilmungen. Hinweis zu den §§ 46, 52a UrhG: Weder das Werk noch seine Teile dürfen ohne eine solche Einwilligung eingescannt und in ein Netzwerk eingestellt oder sonst öffentlich zugänglich gemacht werden. Dies gilt auch für Intranets von Schulen und sonstigen Bildungseinrichtungen.

Redaktion: Andrea Forster
Illustration: Peter Knorr, Nierstein
Umschlagkonzept: Mendell & Oberer, München
Umschlaggestaltung: Erasmi + Stein, München
Layoutkonzept: Michael Anker, Checkplot Grafikdesign, Berlin
Satz: Checkplot, Liersch & Röhr, Berlin
Druck und Bindung: Brüder Glöckler GmbH, Wöllersdorf

www.ccbuchner.de
www.oldenbourg.de

ISBN 978-3-661-**40103**-4 (C.C.Buchner Verlag)
        978-3-637-01896-9 (Cornelsen Verlag GmbH)

Liebe Schülerin, lieber Schüler,
mit dem Arbeitsheft kannst du zusätzliche Übungen bearbeiten.
Die folgenden Erklärungen helfen dir, die Aufgaben und Zeichen im Arbeitsheft zu verstehen.

So ist dein Arbeitsheft aufgebaut:

Selbsttest Wiederholung 1–20 Seiten 4–7

Hier überprüfst du den Stoff, den du in den bereits behandelten Lektionen 1-20 gelernt hast.
Tipps zum Vorhgehen und zur Auswertung findest du im Lösungsheft.

Lektionen 21–32 Seiten 8–31

Vokabeln, Grammatik und Kulturwissen aus dem Schülerband kannst du im entsprechenden
Kapitel deines Arbeitshefts üben.
Die 12 Kapitel begleiten die Lektionen 21–32 des Schülerbandes.

W zeigt eine Übung zum Wortschatz dieser Lektion an.

G ist eine zusammenfassende Übung zu Grammatik, die in dieser Lektion
und in früheren Lektionen vorkommt.

Außerdem gibt es in jedem Kapitel eine Übung zum Kulturwissen der Lektion und einen farbig
unterlegten Text, an dem du das Verstehen lateinischer Texte und das Übersetzen ins Deutsche
üben kannst.
Geh bei der Textarbeit immer so vor:
- Lies zunächst den lateinischen Text ganz und in Ruhe durch.
- Bearbeite dann den Arbeitsauftrag.
- Übersetze am Ende den Text schriftlich in deinem Heft.

Seiten 32–33

Auf diesen Seiten findest du Erklärungen zum Prüfungsteil und eine Tabelle für deine
Selbstauswertung.
Zu jeder Lektion kannst du an einem Selbsttest deinen Kenntnisstand überprüfen.
Jeder Selbsttest umfasst je eine Testaufgabe zu den Bereichen Wortschatz,
Grammatik, Text und Kultur.

Selbsttests 21–32 Seiten 34–39

Die 12 Testkapitel begleiten die Lektionen 21–32 des Schülerbandes und
die 12 Kapitel des Arbeitshefts.
Eine Übersicht über die Themen steht auf der vorderen inneren Umschlagklappe.

Lösungen zu den Lektionen 21–32 und den Selbsttests 1–20 und 21–32 Lösungsheft

Im Lösungsheft findest du Lösungen und Erklärungen zum Übungsteil und zu den Selbsttests.
Mit dem Lösungsheft kannst du selbst, können deine Eltern oder Mitschülerinnen und Mitschüler
deine Ergebnisse kontrollieren.

Selbsttest Wiederholung 1–20

W a Nenne die deutschen Bedeutungen der Vokabeln.
    b Übersetze die Sätze ins Deutsche.

1–4 a clamare · dare · exspectare · gaudere · properare · respondere · sedere · timere · videre –
clamor · deus · homo · imperator · periculum –
certe · cur · diu · hic · subito · statim · tandem · tum · unde

    b 1. Servi appropinquant et verba domini audiunt. Etiam servae stant et tacent.
       2. Avus valde gaudet, nam procul amici apparent.
       3. Eques rogat: „Quis provinciam administrat?"

5–8 a ambulare · dicere · emere · legere · manere · portare · pugnare · sperare · spectare –
arma · auxilium · epistula · fortuna · lux · mens · nox · sapientia · urbs · ventus –
aequus · magnus · mortuus · novus · totus –
hodie · iterum · inter · nihil · semper · sine

    b 1. Patronus reum multis verbis defendit.
       2. Iudices gaudent, nam vox oratoris cunctis placet.
       3. Dum nautae dormiunt, piratae navem invadunt et homines in servitutem abducunt.

9–12 a addere · agere · errare · interrogare · laborare · mittere · movere · mutare · putare · vivere –
corpus · filius · frater · genus · humanitas · labor · mors · mons · puer · salus · sors · vita –
bonus · ceteri · durus · liber · pius –
autem · enim · per · post · praeter · quod · si · sic

    b 1. Vir asper hospitem gladio petivit.
       2. Soli homini bono licet aram tangere.
       3. Apud homines pios mos est numina colere.

13–16 a liberare · narrare · opprimere · ponere · promittere · scribere · scire · tollere · sentire –
animus · domum · gratia · hora · iter · oppidum · patria · via · vis –
altus · facilis · felix · mortalis · omnis –
is, ea, id –
haud · mox · nos · noster · suus · tuus · vester · vos · pro · tam

    b 1. Post breve tempus iuvenis oculos aperuit et surrexit.
       2. Cognovimus tempestatem arbores fregisse.
       3. Deinde civis ad focum accessit numenque appellavit: „Fave votis meis!"

17–20 a abire · accipere · adesse · capere · ducere · interesse · orare · posse · tradere · velle –
annus · ars · bellum · civitas · filia · imperium · ius · opus · virgo · voluntas –
clemens · summus · utilis –
qui, quae, quod –
ita · nisi · priusquam · saepe · tamen · trans

    b 1. Civitas monumentum ad honorem libertatis exstruxit.
       2. Filia consilia parentium utilia non audit.
       3. Nisi imperium accipere vis, neque ex urbe abire neque in patriam tuam redire potes.

Selbsttest Wiederholung 1–20

G Verben

a Zerlege die **Verbformen** in ihre Bestandteile, bestimme und übersetze sie.
BEISPIEL: cognov|era|mus → 1. Pl. Plqupf. – wir hatten erfahren

> vident – pugnabat – narravimus – cucurri – scribam – estis – noluit – ibo – fueramus – taceo –ages – rogaverit – sentimus – habes – sperabitis – accepisti – dederunt – fuerit – abibas – cupiebatis – vivent – volo

b Bilde zu den Verbformen **Imperativ Sg./Pl.** und **Infinitiv Präsens/Perfekt**.
BEISPIEL: salutamus → saluta!/salutate! – salutare/salutavisse

> miserunt – tacueramus – audiet – reditis – liberabit – spero – responditis – curris

G Substantive und Adjektive

a Bestimme die **Substantive** nach **Kasus und Numerus**.
BEISPIEL: iudicibus → Dat. Pl./Abl. Pl. von *iudex* – der Richter

> deos – cives – epistula – auxilio – patris – temporibus – viri – saluti – amicorum – filiae – verbis – corpora – civitas – medicum – regi – terrarum – moribus – exempla – mente – opus – horas – signum – homines – iure – equiti – puerum

b Ordne **Substantive und Adjektive** in **KNG** passend einander zu und bestimme sie.
BEISPIEL: labor magnus – Nom. Sg. (m)

> consilium – curae – epistula – homines – mores – opus – oratoris – reginam – terrarum – urbe – verbis – victor – virum
>
> alienarum – asperis – brevi – clementem – egregii – felix – graves – ingens – inhumanos – pulchram – pii – tota – utile

G Pronomina

a Setze die im Kasus passende Form des **Personal-Pronomens** ein und übersetze.
BEISPIEL: Quis (ego) vocavit? → Quis me vocavit? – Wer hat mich gerufen?

> 1. Amici (tu) e periculo servaverunt. – 2. Exemplum (vos) explanabo. – 3. Medicus (nos) consilium dedit. – 4. Epistulam (ea) scribam. – 5. Litteras ab (is) accepi. – 6. Narra (ego) de regibus Romanis! – 7. Consul (vos) exspectat. – 8. Ibi consules stant. Nonne (ii) vides? – 9. Cum (tu) per forum ambulare volo. – 10. Pater hospites salutat et (ii) in villam ducit.

b Setze die in KNG passende Form des **Possessiv-Pronomens** ein und übersetze.
BEISPIEL: Nomen fratris (ego) est Gaius. → Nomen fratris mei est Gaius. –
 Der Name meines Bruders ist Gaius.

> 1. Canes (nos) quaerimus. – 2. Sententiam (tu) non probo. – 3. Romulus fratrem (is) necavit. – 4. Num regem (vos) virum bonum esse putatis? – 5. Villam amici (nos) intramus. – 6. Orator arte (is) homines delectat. – 7. Flaviam et Gallam piratae vendiderunt; itaque familia sortem (eae) ignorabat. – 8. Quintus: „Flavia uxor (ego) erit, pater (ea) nuptias non recusabit."

5

Selbsttest Wiederholung 1–20

G Satzglieder

Bestimme die Satzglieder und stelle die passende W-Frage.

Beispiel: Navigare (→ Subjekt: wer/was?) mihi (→ Dativ-Objekt: wem?) valde (→ Adverbiale: wie?) placet. (→ Prädikat)

1. Senatores consulem salutant.
2. Subito eques senatoribus nuntium apportat.
3. Hodie in urbe magnum clamorem audimus.
4. Auxilio deorum pater Quinti Flaviam puellam e servitute liberavit.
5. Romani deos orare eisque sacrificare solent.
6. Galla se nunc liberam esse scit.
7. Dum servi furem quaerunt, domina maesta stat.
8. Epistulam, quam Flavia scripserat, Quintus saepe legebat, quod eam amabat.

G Satzgefüge

Markiere die Gliedsätze und übersetze die Satzgefüge.

Beispiel: Hospes, |cui| pater nuntium misit, servos cenam parare iubet. – Der Gastgeber, dem der Vater eine Nachricht geschickt hat, lässt die Sklaven das Abendessen vorbereiten.

1. Pater deis sacrificavit, quod filiam servaverant.
2. Ego in agris laboro, dum amici per forum ambulant et consules, senatores, iudices vident.
3. Quamquam ventus secundus est, nautae non gaudent, nam piratae navi appropinquant.
4. Pater, mater, avus cum hospitibus in villa sedent et cenam exspectant, quam servi parant.
5. Vir, quamquam se furem non esse dixit, in villam consulis invasit.
6. Si tu in periculo eris, amici tibi auxilium dabunt, etsi tu eis numquam adfuisti.
7. Cum eum rogabam, neque ridebat neque respondebat, sed tacebat et abibat.
8. Omnia, quae dixisti, credere non possum, quod amicum meum esse simulavisti.

G Satzwertige Konstruktionen: AcI

Klammere den AcI ein, unterstreiche Akkusativ und Infinitiv und übersetze die Sätze.

Beispiel: Patronus (<u>iudices</u> iam <u>adesse</u>) videt. – Der Anwalt sieht, dass die Richter schon anwesend sind.

1. Lucius patrem in villa non esse dicit.
2. Eum nos hodie exspectare credidimus.
3. Patrem epistulam avi accepisse et statim cum fratre abisse cognoscimus.
4. Lucius narrat eos iam ante multas horas Roma decessisse.
5. Dominus Gallae libertatem dedit; itaque puella se nunc liberam esse scit.
6. Te Romae fuisse ab amicis cognovi.
7. Cum piratae appropinquant, nautae eos navem invadere hominesque necare sciunt.
8. Senatores se consulem ubique quaesivisse neque eum vidisse clamant.

Selbsttest Wiederholung 1–20

K
a Verfasse einen kurzen Informationstext (ca. 80–100 Wörter) über …
b Ordne die Nummern im Text den Wörtern und Begriffen im Kasten zu.

1–4 Römischer Alltag I

a … den *Circus Maximus*.
b Mehrstöckige Mietshäuser hießen ①. Die Eingangshalle einer *villa* ist das ②, das ③ ist das Esszimmer. – Der ④ war das Oberhaupt der Familie. Zur römischen Familie gehörten u. a. *matrona*, *liberi* und ⑤. – Männer trugen eine kurzärmelige ⑥ und darüber eine ⑦. – Mit ⑧ bezeichnet man ein Gebiet des Römischen Reiches.

5–8 Römischer Alltag II

a … das *Forum Romanum*.
b Das ⑨ ist der Kaltbaderaum in den Thermen; in der ⑩ konnte man Sport treiben. – Sklaven waren rechtlich gesehen ⑪. Als ⑫ erhielten sie ein eingeschränktes Bürgerrecht, blieben aber in der Familie ihres ⑬. – Der ⑭ war der Sklave, der die Kinder zum Unterricht begleitete. Männliche Jugendliche erhielten zunächst Unterricht beim ⑮, danach eine Ausbildung beim ⑯.

9–12 Römischer Alltag III

a … das *Kolosseum* und die *Gladiatorenspiele*.
b Das unter römischer Herrschaft stehende Gebiet im Süden Frankreichs wurde ⑰ genannt. Der gallische Anführer, der die Stämme gegen Caesar führte, hieß ⑱. – Von den beiden griechischen Buchstaben für a und b ist die Bezeichnung ⑲ abgeleitet. – Das bekannteste Orakel des Gottes Apollo befindet sich in ⑳. ㉑ ist die Göttin der Jagd, Mercurius ist zuständig für Handel, Diebe und ㉒. In Rom auf dem Kapitol wurden die drei Götter ㉓, Iuno und ㉔ verehrt.

13–16 Römischer Alltag IV

a … die *Religion der Römer*.
b Die Römer schrieben mit Tinte auf ㉕ oder mit einem ㉖ auf Wachstafeln; mehrere zusammengebundene Wachstafeln bezeichnete man als ㉗. – Die Entfernung wurde in ㉘ angegeben. Die von Rom nach Brundisium führende Straße heißt nach ihrem ㉙ Via ㉚. – Ein ㉛ spielte mithilfe einer Maske alle Rollen eines Theaterstückes. Gegenüber des Zuschauerraums befand sich die ㉜.

17–20 Römischer Alltag V

a … das *Trajansforum*.
b Der ㉝ ist die 500 km lange Grenzbefestigung zwischen Rhein und ㉞. In der Nähe der Kastelle an der Grenze entstehen Gutshöfe, die *villae* ㉟. Das heutige Trier wurde 17 n. Chr. als ㊱ *Treverorum* gegründet. – Eine ㊲ ist eine Priesterin, die sich um das heilige ㊳ kümmert. – Die Römer benutzten beim Speisen keine ㊴. Das deutsche Wort Nuss ist ein Lehnwort zum lateinischen Wort ㊵.

___
___ Alphabet	___ Appia	___ atrium	___ Augusta	___ Bühnenwand	___ codex	___ Delphi
___ Diana	___ Donau	___ Erbauer	___ Feuer	___ frigidarium	___ grammaticus	___ insulae
___ Iuppiter	___ liberti	___ Limes	___ Meilen	___ Messer	___ Minerva	___ nux
___ paedagogus	___ palaestra	___ Pantomime	___ Papyrus	___ pater familias	___ patronus
___ provincia	___ provincia	___ Reisen	___ Rhetor	___ rusticae	___ Sachen	___ servi
___ stilus	___ toga	___ triclinium	___ tunica	___ Vercingetorix	___ Vestalin

21 Lektion

1 Entscheide, ob folgende Aussagen über das Substantiv *res* stimmen.

Ordne die Antwortbuchstaben zu einem Lösungswort: __ __ __ __ __ .

	stimmt	stimmt nicht
Dativ und Ablativ Plural lauten *rebus*.	D	C
Es gibt insgesamt vier Formen, die *res* lauten.	U	I
Genitiv und Dativ Singular sind gleich.	R	S
Die Form *re* gibt es nur ein Mal.	E	M
Nominativ und Akkusativ Plural sind nicht gleich.	L	F

G 2 Ordne die Substantive im Nominativ Singular der richtigen Deklination zu.

fratres – animo – civibus – fides – bella – mente – genera – matrem – epistula – noctis – spem – puerum – navium – vitae – saluti – viri – iure – rerum – oratorum – causam – filios – signis – hominis – populi – temporibus – nautis – artis – regnum – horas

a-Deklination	o-Deklination	Kons. Deklination	e-Deklination

3 Schreibe eine kurze Erklärung oder Information zu folgenden Namen, die im Zusammenhang mit der Sage um den Troianischen Krieg stehen.

Priamos _____

Menelaos _____

Schliemann _____

Agamemnon _____

Paris _____

Homer _____

Hektor _____

Helena _____

Ilias _____

Discordia _____

4 Arbeite aus dem Text heraus, wovor Kassandra warnt.
Achte bei der Übersetzung besonders auf die Wiedergabe von *res*.

Vergebliche Warnung

Kassandra war die Tochter des Troianerkönigs Priamos. Sie hatte als Priesterin des Gottes Apollo eine besondere Gabe.

1 Cassandra sacerdos res futuras[1] providere[!] poterat. Etiam perniciem[2] Troiae praedixit[3],
2 sed nemo ei fidem habebat. Itaque, dum Troiani ingentem Graecorum equum in urbem
3 trahunt, ad muros contendit clamavitque: „O miseri! Audite me! Nisi audietis, nos
4 omnes ea re peribimus. Graecos enim omnibus in rebus dolum adhibere[4] scio. Etiam in
5 ea re!" Et ad patrem: „Tu es", inquit, „vir summae prudentiae. Cur non sentis eam rem
6 patriae nostrae periculosissimam[5] esse?" Cassandra autem, postquam se civibus suis de
7 periculo eius rei persuadere non posse cognovit, spem deposuit[6] et maesta discessit.

1) **futūrus, -a, -um**: zukünftig   2) **perniciēs, -ēī** f: Verderben, Untergang
3) **praedīcere, -dīcō, -dīxī**: vorhersagen   4) **adhibēre, adhibeō, adhibuī**: anwenden
5) **perīculōsissimus, -a, -um**: höchst gefährlich   6) **depōnere, -pōnō, -posuī**: ablegen, aufgeben

W 5 Trage die deutschen Bedeutungen der Vokabeln ein. Die markierten Buchstaben ergeben –
richtig sortiert – ein deutsches Lösungswort: ___ ___ ___ ___ ___ .
Nenne auch seine lateinische Bedeutung: ___ ___ ___ ___ ___ ___ ___ .

1. sacerdos   8. sententia   15. relinquere
2. prudentia   9. ira   16. postquam
3. hostis   10. auctoritas   17. aedificare
4. dolus   11. delere   18. litus
5. incendium   12. incertus   19. instare
6. discedere   13. murus
7. timor   14. ob

22 Lektion

G 1 Ordne die Formen der Demonstrativ-Pronomina *hic, haec, hoc* und *is, ea, id* den Substantivformen zu. Zwei Formen fehlen. Bilde von ihnen die zu *amicus* passende Form.

hic – haec – hoc – ~~hac~~ – hunc – huius – hanc – horum – hos – has – his

~~ea~~ – eis – eos – id – eam – is – eius – eorum – ea – eas – eum

de _hac_ et _ea_ sententia	_____ et _____ deas
_____ et _____ spem	_____ et _____ virum
_____ et _____ homines	_____ et _____ oratoris
_____ et _____ hostium	_____ et _____ rebus
_____ et _____ opus	_____ et _____ nomina

Fehlende Formen: _____ et _____ amicus

2 Unterstreiche in den Reihen die Adverbien und gib ihre Bedeutung an. Schreibe die Bestimmung der anderen Wörter darüber.

Imp. Sg. v. ponere	*gut*	*Abl. Sg. v. fides*	*Imp. Sg. v. ridere*
pone –	<u>bene</u> –	fide –	ride
agere –	addere –	aspere –	aspice
graviter –	sinister –	iter –	praeter
acre –	mare –	ire –	vere
vester –	dexter –	clementer –	noster

3 Erschließe, wer diesen Text spricht, und begründe mit Belegen aus dem Text.

> **Klage eines/einer** _____
>
> 1 „Haec mulier mihi potionem¹ dedit et me mutavit. Verba blanda huius mulieris me huc
> 2 duxerunt. Hinc effugere mihi non licet, quod omnes ob hanc figuram¹ me irridebunt²!
> 3 O di, adeste nobis! Spectate socios meos: Videbitis eam etiam hos mutavisse! Audite
> 4 horum clamorem miserum! Non iam homines sumus. Quis nos liberabit ab hac muliere?"
>
> 1) **potiō, -ōnis** f: (Zauber-)Trank   2) **irrīdēre, irrīdeō, irrīsī**: auslachen

4 Streiche in der Auswahl die falschen Angaben zu der Sage um Odysseus durch. Die gekennzeichneten Buchstaben der richtigen Angaben ergeben, wenn du sie richtig sortierst, den Namen des abgebildeten Gottes. Dieser war zornig auf Odysseus, weil dessen Gefährten Rinder geschlachtet hatten, die ihm heilig waren.

Odysseus war der König der Insel Kreta/**I**thaka/Sizilien.

Nach der Eroberung der Stadt Athen/Carthago/Tr**O**ia musste er auf seinem Nachhauseweg eine Zwei/Zehn/Zwöl**F** Jahre dauernde Irrfahrt durchleiden. Dabei bestand er viele Abenteuer.

Unter anderem segelte er an der Insel der **S**irenen/Latiner/Spartaner vorbei, der vogelähnlichen Fabelwesen. Und er musste sich und seine Gefährten aus der Höhle des Poly**H**em/Agamemnon/Herakles befreien, des Riesen mit einem einzigen Auge auf der Stirn.

Zuhause in seinem Palast wartete seine Frau Helen**A**/Circe/Penelope auf ihn, die ihm all die Jahre über die Treue gehalten hatte.

W 5 Trage zu den Verbformen die Stammformen und die deutsche Bedeutung ein.

	Infinitiv	1. P. Sg. Präs.	1. P. Sg. Perf.	deutsche Bedeutung
reddiderat	*reddere*	*reddo*	*reddidi*	*zurückgeben; machen zu*
cepisti				
occurram				
aspiciet				
persuaserunt				
statuunt				
egeratis				
iurabo				
redeunt				
proiecimus				
metuent				
defecerunt				
stringebat				

Lektion 23

1 Trage mithilfe der Buchstaben das PPP im Nom. Sg. m ein und übersetze es mit deutschem Partizip II. Jeweils ein Buchstabe fehlt. Ergänze und markiere ihn.

Daraus entsteht das Lösungswort: ___ ___ ___ ___ ___ ___ ___ .

	PPP im Nom. Sg. m	dt. Partizip II	
accipere			u s e p a c t
vocare			s u v c a t
rogare			s a u t o r
defendere			f u e s s e d
relinquere			s t r e u c l
cogere			s a c c o u
audire			t a i s u d
mittere			m u s i s

2 Setze aufgrund deiner Kenntnis der Geschichten sechs Sätze zusammen und übersetze sie.

Urbs Troia	a Paride	acceptus est.
Aeneas	ab Achille	necatus est.
In Latio Aeneas	a Graecis	per maria missus est.
Hector	a rege Latino	abducta est.
Anchises	a deis	deleta est.
Helena	ab Aenea filio	servatus est.

1. _____

2. _____

3. _____

4. _____

5. _____

6. _____

Lektion 23

3 Markiere die Verbformen und Pronomen in drei unterschiedlichen Farben, je nachdem, ob sie sich auf **Anna**, auf **Dido** oder auf **Aeneas** beziehen.

> **Keine Chance mehr**
>
> *Dido hat ihre Schwester Anna geschickt, um Aeneas zum Bleiben zu überreden. Nach ihrer Rückkehr berichtet Anna:*
>
> 1 „Postquam a te ad litus missa sum, cito eo¹ cucurri. Audiveram enim viros
> 2 Troianos ab Aenea iam ad naves vocatos esse. Et profecto, dum ad litus propero,
> 3 naves iam in mare deductae¹ sunt. Mox quidem Aeneam inveni² – sed ei non de
> 4 voluntate tua persuasi. Animus eius neque precibus tuis neque verbis, quae mihi
> 5 a te mandata erant, motus est. Dixit autem se a deis iussum esse amorem reginae
> 6 repudiare³ et Carthagine discedere. Ita te miseram reliquit."
>
> ¹) **eō**: dorthin   2) **invenīrē** (*Perf.* **invēnī**): finden   3) **repudiāre**: zurückweisen, ablehnen

4 Erkläre, um wen es sich bei den Personen handelt und in welcher Beziehung sie zu Aeneas stehen.

Juno → _____   _____ ← Anchises

_____   **A**   _____

Venus → _____   **E**   _____ ← Iulus

_____   **N**   _____ ← Latinus

Dido → _____   **E**   _____

_____   **A**   _____ ← Turnus

S

W 5 Markiere alle Verben, die – auch im weitesten Sinne – etwas mit „sprechen, sich äußern" zu tun haben, und schreibe ihre Bedeutung darüber.

accurrere – adire – apparere – capere – clamare – cogere – constituere –

decipere – dicere – disserere – docere – explanare – facere – frangere –

befehlen, beauftragen
fugere – ignorare – incendere – inquit – <u>iubere</u> – iurare – legere –

mandare – mittere – monere – narrare – necare – negare – orare – parere –

perire – persuadere – perturbare – promittere – regere – respicere –

respondere – rogare – sacrificare – salutare – vitare – vocare

24 Lektion

1 Kreuze an, ob es sich um Perfekt, Plusquamperfekt oder Futur II Passiv handelt, und übersetze die Formen ins Deutsche.

	Perf.	Plqu.	Fut. II	Übersetzung
vocatus sum				
missa eras				
relictus erit				
amata erat				
pugnatum est				
salutati eramus				
quaesitae estis				
audita erunt				

2 Auf diesem Stichwortzettel für ein Referat über die Gründung und Frühzeit Roms fehlen noch einige Informationen. Ergänze sie.

– R + R: Vater _____, Mutter _____ (Priesterin der _____)

  Großvater: _____ König von Alba

  _____: Amulius, vertreibt seinen _____ vom Thron

– werden auf _____ ausgesetzt, aber von _____ gerettet

– gründen Rom, _____ tötet _____

– Rom wird in Frühzeit von den _____ beherrscht; heißen bei

  Römern auch _____ (→ ital. Landschaft Toscana)

G 3 Die folgende Geschichte erzählt, wie es in der Frühzeit Roms zum „Raub der Sabinerinnen" kam. In den Satzgefügen fehlen die Subjunktionen, die die Gliedsätze einleiten. Schreibe zunächst die Bedeutungen über die Subjunktionen, übersetze dann den Text mündlich und setze die passende Subjunktion ein.

dum – nisi – postquam – quamquam – qui – qui – quod – si – ubi

1. Urbs, _____ condita est, cito crevit, nam Romulus omnes, _____ patriam novam quaerebant, in urbem suam accepit. 2. Sed viri soli venerunt. 3. Qui _____ neque feminas neque filios filiasque habebant, uxores ducere voluerunt. Sed ceterae civitates, _____ saepe a Romulo rogatae erant, negaverunt. 4. Itaque Romulus dolum paravit Romanisque dixit: 5. „_____ nobis puellas dare volunt, nos eas abducemus. 6. Spectacula dabimus omnesque invitabimus. 7. _____ vobis signum datum erit, concurrite¹ virginesque abducite!" 8. Et profecto Romani, _____ ii, _____ invitati erant, per urbem ambulant, accurrerunt virginesque abduxerunt.

Lektion 24

W 4 Wähle die Vokabeln aus, die in einer Erzählung über Romulus und Remus vorkommen müssten, und nenne ihre Bedeutung.

abesse – alter – avis – bibere – certare – classis – condere – decipere – exstruere – filia – fugere – imperium – incendere – ingens – insidiae – interficere – iratus – irridere – litterae – litus – moenia – mulier – orbis – parvus – pes – redire – salvus – tangere – uterque

5 Bringe die Textabschnitte A–H, in denen es um die Gründung Roms geht, in die richtige Reihenfolge. Erschließe, worum es in den jeweiligen Abschnitten geht.

A Paulo post a Faustulo inventi sunt, qui eos educavit* eosque Romulum et Remum appellavit.

B Tum in iis locis, in quibus inventi erant, novam urbem condere constituerunt. Remus autem, dum Romulus muros aedificat, fratrem irrisit, quod muri tam parvi erant, et eos transiluit*.

C Amulius, postquam Ream Silviam filios habere audivit, servos eam in carcerem* abducere et filios eius interficere iussit. Servi autem pueros parvos in corbe¹ posuerunt; quem in ripa Tiberis* reliquerunt.

D Amulius autem erravit, nam Reae Silviae apparuit Mars et „Non diu", inquit, „misera eris, non diu Amulius regnum obtinebit, nam tu habebis filios, qui eum interficient." Et profecto Rea Siliva habuit geminos*, quorum pater erat Mars.

E Qui adulescentes* Numitorem avum convenerunt¹, qui nepotes* de Amulio rege crudeli docuit. Statim Romulus et Remus cum nonnullis* amicis hunc gladiis petiverunt et interfecerunt.

F Tum Romulus iratus fratrem interfecit et novam urbem a suo nomine appellavit.

G Et Mars eos servavit: Ad ripam a lupa* inventi et nutriti* sunt.

H Post mortem patris Amulius Numitorem fratrem, qui tum rex erat, ex urbe pepulit, filium Numitoris interfecit, filiam Ream Silviam fecit Virginem Vestalem*. Virginibus enim Vestalibus* liberos* habere non licebat.

Reihenfolge: _____

* **adulēscentes** *(hier)*: als (sie) junge Männer (waren) – **carcer, carceris** m: Kerker – **ēducāre**: erziehen, aufziehen – **geminī, -ōrum** m: Zwillinge – **līberī, -ōrum** m *(Pl.)*: Kinder – **lupa, -ae** f: Wölfin – **nepōs, nepōtis** m: der Enkel – **nōnnūllī, -ae, -a**: einige – **nūtrīre**: ernähren – **Tiberis, -is** m: der (Fluss) Tiber – **trānsilīre, trānsiliō, trānsiluī**: hinüberspringen – **Virgō Vestālis, Virginis Vestālis** f: Vestalin *(Priesterin der Vesta)*

25 Lektion

1 In den folgenden Sätzen tritt das Partizip als Attribut auf und gibt eine nähere Bestimmung zu einem Nomen. Unterstreiche das Partizip und verbinde es mit seinem Bezugswort. Übersetze zuerst wörtlich mit deutschem Partizip und dann mit Relativsatz.

BEISPIEL: Mihi placent templa¹ in foro Romano exstructa.
Mir gefallen die auf dem Forum Romanum erbauten Tempel.
die Tempel, die … erbaut worden sind.

1. Urbem a Romulo conditam saepe spectavi, oppidum a Didone conditum numquam vidi.

_____

_____

2. Faustulus pueros in ripa Tiberis inventos servavit.

_____

_____

3. Nemo urbem muris circumdatam defendere potuit.

_____

_____

2 Streiche die Fehler in diesem Sachtext über die römische Republik an und verbessere sie.

1 In der Frühzeit der res *publica laeta* lag die Macht in _____
2 den Händen des Adels. Der Senat besteht vor allem aus _____
3 *Patriziern* und ehemaligen *Plebejern*. Frauen und _____
4 Volkstribunen waren von der politischen Mitwirkung _____
5 ausgeschlossen. Die *Quaestoren* überwachten die _____
6 Rechtsprechung und die *Ädilen* waren für die _____
7 Sicherheit zuständig. An der Spitze des Senats standen _____
8 drei *Konsuln*. Sie hatten das *Vetorecht*, um ihre _____
9 Zustimmung zu einem Gesetz zu verweigern. _____

W 3 Stelle je zwei Wörter zusammen:
 a zwei aus dem gleichen Wort- bzw. Sachfeld.   **b** zwei Antonyme.

| administrare – avus – cognoscere – corpus – gaudium – terribilis – hostis – ingenium – inimicus – laetus – mens – munus – nepos – os – perspicere – terrere | dies – durus – finire – imperare – incipere – iniuria – ius – mollis – nox – parere – patres – plebs |

_____   _____

_____   _____

_____   _____

_____   _____

Lektion 25

G 4 Erschließe den Text nach Grammatik und Syntax vor der Übersetzung:
- Unterstreiche Haupt- und Nebensätze mit unterschiedlichen Linien.
- Markiere im Text die Partizipien und kläre ihre Funktion:
  – als Teil des **Prädikats im Passiv** → Unterstreiche die Form von *esse* und das Subjekt.
  – als **Participium coniunctum** → Markiere sein Bezugswort.

Ankunft in Italien

1 Troiani ab Aenea in Italiam ducti statim ab hominibus, qui ibi sedes
2 habebant, petiti sunt. Sed postquam rex eorum, nomine Latinus, audivit
3 eos viros e Troia incensa fugisse et a deis missos in Italiam venisse,
4 Aeneam sociosque magno cum gaudio accepit. Etiam filiam suam Turno,
5 regi Rutulorum, promissam Aeneae in matrimonium¹ dedit. Qua re laesus
6 ille cum Troianis bellum coepit.

1) **in mātrimōnium dare**: zur Frau geben

5 Entscheide, welche Sinnrichtung dir aufgrund des Zusammenhangs sinnvoll erscheint, und übersetze die Partizipkonstruktion durch Unter-, Bei- oder Einordnung.

1. Priamus: „Graeci oppidum moenibus altis circumdatum non capient."

_____

_____

2. Menelaus: „Oppidum Troianorum moenibus altis circumdatum capiemus."

_____

_____

3. Aeneas a matre Venere adiutus¹ ex oppido a Graecis incenso effugere potuit.

_____

_____

_____

4. Sed Iuno dea a Paride laesa Aeneam multos annos per maria agitavit.

_____

_____

_____

1) **adiuvāre** (*PPP* **adiūtus**): unterstützen

26 Lektion

1 Schreibe alle Passivformen heraus und übersetze sie ins Deutsche.

legerunt – sperare – amabaris – monetur – perspicitis – operis – mittentur – perturbant – rogabamini – audiar – senseramus – vocor – muri

_____ – _____
_____ – _____
_____ – _____
_____ – _____
_____ – _____
_____ – _____

G 2 Zerlege die Verbformen, trage ihre Bestandteile ein und übersetze sie.

	Präsensstamm	Tempus-Zeichen	Person-Zeichen	Übersetzung
custoditur	custodi	–	tur	er/sie/es wird bewacht
sedebam	sede	ba	m	ich saß
rogabimur				
manent				
audiebatur				
irrideris				
timebamus				
invitabor				
vincetis				
aedificantur				
regam				
relinquemini				

W 3 Stelle aus den Silben zehn lateinische Verben mit deutscher Bedeutung zusammen. In beiden Kästen hat sich ein Substantiv eingeschlichen. Nenne diese mit ihrer deutschen bzw. lateinischen Bedeutung.

L A T	a – a – a –cu – de – di – ex – fal – gi – le – li – mad – mu – na – na – ni – ni – ni – op – pe – per – pug – pug – ra – re – re – re – re – re – re – re – re – re – scen – sto – ta – te – temp – ve – ver – vi

be – be – be – be – ben – bern – chen – chen – der – er – fes – gen – gen – gern – hi – hin – ken – Kin – kom – la – men – mer – nauf – o – rau – schen – stei – su – täu – ti – ver – wa	D T

Lektion 26

4 Markiere in unterschiedlichen Farben in den „Sätzen der Gänse" die Textstellen, in denen sie etwas über sich selbst / etwas über die Römer / etwas zu den Römern sagen.

Schlaue Gänse

1 „Homines dicunt Gallos in Italiam venisse et Romam petivisse."
2 „Scio iam multos dies Capitolium ab iis oppugnari."
3 „Cives se tutos esse putant, quod Capitolium adhuc numquam expugnatum esse sciunt."
4 „Itaque Capitolium facile defendi posse credunt."
5 „Sed nos sentimus Capitolium hac nocte in ingenti periculo esse."
6 „Et ego sentio Capitolium eo tempore a Gallis peti."
7 „Cives Romani, nonne auditis Gallos ad montem accedere?"
8 „Nonne videtis eos iam in Capitolium ascendere?"
9 „Video canes ut semper dormire."
10 „Itaque nos Romanos clamore nostro excitabimus."
11 „Ita a nobis servabuntur et nos semper ab eis colemur."

5 Bringe die Ereignisse der römischen Geschichte des 4./3. Jh.s in die richtige Reihenfolge.

☐ Der Angriff der Gallier auf das Kapitol scheitert.

☐ Die Verhandlungen über den Abzug der Gallier führt deren Anführer Brennus.

☐ Die Plebejer versuchen, mehr Einfluss zu erhalten; es kommt zu inneren Unruhen.

☐ Die süditalische Stadt Tarent leistet Widerstand.

☐ Die Römer kämpfen gegen die Gallier an der Allia.

☐ In zwei Schlachten werden die Römer besiegt.

☐ Gallier machen sich auf die Suche nach einem neuen Siedlungsgebiet.

☐ Die Gallier rücken in Rom ein.

☐ Die Römer müssen eine große Menge an Gold abliefern.

☐ Ganz Italien steht unter römischem Einfluss.

☐ König Pyrrhus von Epirus kämpft auf Seiten der Tarentiner.

☐ Die Macht Roms reicht bis an die Südküste Italiens.

☐ Die dritte Schlacht entscheiden die Römer für sich.

☐ Die Gallier dringen bis Mittelitalien vor.

19

27 Lektion

1 Ordne den Substantiven die richtige Form des Demonstrativ-Pronomens *ille, illa, illud* zu und übersetze. Zwei Formen bleiben übrig: _____ , _____ .

illorum – illud – illa – illis – illas – illae – illum – illo – illos

_____ senatum: _____
_____ manus: _____
_____ exercitibus: _____
_____ metu: _____
_____ exercituum: _____

2 In einen Internetartikel über Hannibal haben sich Fehler eingeschlichen. Unterstreiche und berichtige sie.

„Hannibal wurde 247 v. Chr. in Karthago geboren. Sein Vater Hamilkar Barkas, ein karthagischer Feldherr, ließ ihn als 12-Jährigen schwören, stets ein Feind der Römer zu sein. Nachdem er als junger Mann die Führung des karthagischen Heeres übernommen hatte, überquerte er mit 10 000 Soldaten und ca. 40 Kriegselefanten die Alpen. Im Jahre 217 v. Chr. erlitt er seine erste Niederlage am lacus Trasimenus. Anschließend zog er mit seinem Heer weiter nach Cannae, einer Stadt südlich von Rom. Er fügte den Römern eine große Niederlage zu, belagerte anschließend Capua und fiel dann mit seinem Heer in Rom ein. Danach zog er sich nach Nordafrika zurück. 202 v. Chr. kämpften die Römer unter Iulius Caesar mit den Karthagern und schlugen diese schließlich bei Zama. Hannibal floh nach Spanien und beging 183 v. Chr. Selbstmord."

G 3 Sortiere die Formen in den richtigen Kasten ein und nenne ihre Grundform.

missos – capientis – dictis – clementem – recto – incensus – clamanti – diligentes – coactum – laetam – iussa – ridentibus – paratus – tacti – ingentes – parentem

PPA	PPP	Adjektiv

4 Beschreibe, wie es Hannibal gelingt, sein Vermögen beiseite zu schaffen. Unterstreiche dazu die PPA und klammere die PC-Konstruktionen ein. Achte auch auf die Verwendung des dramatischen Präsens.

Hannibals Amphorentrick

Als eine römische Gesandtschaft angekündigt worden war, hatte Hannibal Karthago verlassen, weil er befürchtete, ausgeliefert zu werden. Auf seiner Flucht gelangte er auch nach Kreta.

1 In insula Creta Hannibal magnam pecuniae[1] vim secum portans se in
2 periculo esse putabat. Nam sciebat iam omnes Cretenses[2] de ea re
3 audivisse. Sed ille Cretensium[2] cupiditatem auri timens pecuniam[1] suam
4 hoc dolo servavit: Multas amphoras[3] plumbo[4] complet[5], summas operit[6]
5 auro. Quas Hannibal ante oculos eorum, qui insulam administrant, in templo[1] Dianae
6 deponit[1] simulans se pecuniam[1] suam illorum fidei credere. Omnes statuas autem,
7 quas secum portabat, sua pecunia[1] complet[5] easque in propatulo[7] villae suae collocat.
8 Tum Cretenses[2] templum[1] magna cum cura custodiunt credentes multum pecuniae[1]
9 in insula relictum esse. Sic Hannibal res suas conservavit[1]; postea eum pecuniam
10 secum portantem in Asiam fugisse traditum est.

1) **pecūnia, -ae** f: Geld/Vermögen   2) **Crētēnsēs, -ium** m: Kreter   3) **amphora, -ae** f: Amphore (*großer, zweihenkliger Krug*)   4) **plumbum, -ī** n: Blei   5) **complēre, compleō, complēvī, complētum**: anfüllen   6) **summās (amphorās) operīre**: die oberste Schicht (der Amphoren) bedecken   7) **prōpatulum, -ī** n: Vorhof

W 5 Trage die deutschen Bedeutungen der Vokabeln waagrecht oder senkrecht ein. Die markierten Buchstaben ergeben in der richtigen Reihenfolge ein Lösungswort.

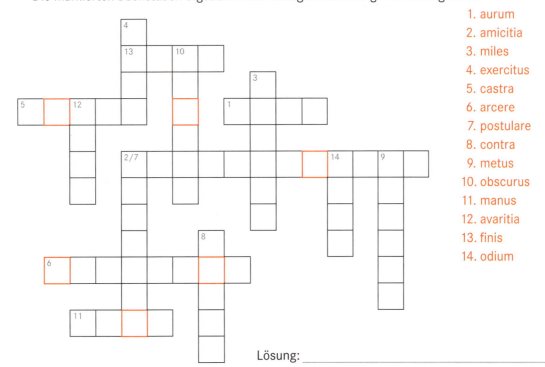

1. aurum
2. amicitia
3. miles
4. exercitus
5. castra
6. arcere
7. postulare
8. contra
9. metus
10. obscurus
11. manus
12. avaritia
13. finis
14. odium

Lösung: _____

28 Lektion

1 Stelle die markierten Buchstaben zum Namen eines Freundes von Cicero zusammen:

___ ___ ___ ___ ___ ___ ___ .

Name eines berüchtigten Verbrechers, den Cicero anklagte: ___ ___ ___ ___ ___ □

Einer, der nicht aus einer Politikerfamilie stammt: ___ ___ ___ ___ ___ □

Er strebte nach Caesars Ermordung die Alleinherrschaft an: ___ ___ ___ ___ □ ___

Amt, um das sich Catilina vergeblich bewarb: ___ ___ ___ ___ □ ___

Beschäftigungsfeld Ciceros nach der politischen Karriere:
___ ___ ___ ___ □ ___

Er versuchte 63 v. Chr. gewaltsam an die Macht zu kommen: ___ ___ ___ ___ ___ ___ ___ □

Staatsform, der Cicero anhing: ___ ___ ___ ___ □ ___ ___

2 Schreibe den Infinitiv Präsens Aktiv über die Konjunktivformen und sortiere sie richtig ein.

narretur – promiserit – tactum sit – interrogeris – moveat – studuerimus – regat – facti sint – obsideat – concesserint – circumventus sim – vincatur – neglexeris – eripiamus

Präsens Aktiv

Präsens Passiv

Konjunktiv

Perfekt Aktiv

Perfekt Passiv

W 3 Führe die Fremdwörter auf die lateinische Grundform zurück und gib deren Bedeutung an.

Rationalität: _____

Präsens: _____

Obsession: _____

initiieren: _____

Konzession: _____

Patent: _____

4 Ordne die Wörter den Gliedsatzarten zu und gib ihre deutschen Bedeutungen an.

indirekter Fragesatz: _____

Begehrsatz: _____

Finalsatz: _____

Konsekutivsatz: _____

Temporalsatz: _____

ut … non   ne   ut   cur   cum

5 Markiere mit unterschiedlichen Farben, bevor du übersetzt:
- Aussagen über C. Heius und dessen Villa;
- Aussagen über die Taten des Verres;
- Verres' Verteidigungsstrategie;
- Gedanken und Forderungen Ciceros.

Angeklagt als Dieb

Der römische Beamte Verres war in den Jahren 73–71 v. Chr. Statthalter in der Provinz Sizilien. Im Jahr 70 v. Chr. verklagen ihn die Bewohner Siziliens, weil er sein Amt missbraucht und u. a. aus öffentlichen und privaten Häusern wertvolle Dinge gestohlen haben soll. Der Vertreter der Anklage ist Cicero.

1 „(…) C. Heius, iudices, est Mamertinus[1]. Villam suam ornavit[2] rebus ex auro factis
2 atque signis[3], quae a maioribus[4] acceperat. Itaque villa eius tam pulchra est, ut
3 omnes eam cognoscant. Verres postquam Messanam venit, cupiditate rerum
4 pretiosarum[5] adductus hanc in villam invasit signaque omnia rapuit. Nescio, cur iste
5 hoc fecerit. Nescio, quo furore iste incitatus sit. Cum narratum sit haec signa nunc
6 apud Verrem esse, iste hoc uno verbo explanat: ‚Emi.' Quae impudentia[6]! Hoc dicit,
7 ut Heium irrideat, hoc dicit, ne vos, iudices, de eo iudicare possitis. Proinde postulo,
8 ut iste vir in exilium[1] mittatur, ne civitas nostra detrimentum[7] capiat. (…)"

1) **Māmertīnus**: Einwohner der sizilischen Stadt Messana   2) **ōrnāre**: schmücken, ausstatten
3) **sīgnum, -ī** n *(hier)*: Bild   4) **māiōrēs, -um** m *(Pl.)*: Vorfahren   5) **pretiōsus, -a, -um**: kostbar
6) **impudentia, -ae** f: Unverschämtheit   7) **dētrīmentum, -ī** n: Schaden

Lektion 29

1 Sortiere die Formen in die Tabelle ein, vermerke jeweils, ob es sich um Aktiv (A) oder um Passiv (P) handelt, und übersetze sie in Abhängigkeit von *cum* („als, da").

pareremus – cecidissem – quaesivisses – victus essem – possetis – tracti essemus – ires – fecisset – agerentur – tolleretur

	Konjunktiv Imperfekt	A	P	Übersetzung
cum				

	Konjunktiv Plusquamperfekt	A	P	Übersetzung
cum				

2 Bereite die Übersetzung vor, indem du die mehrgliedrigen Satzgefüge in Hauptsatz und Gliedsätze zerlegst.
Notiere unter den Sätzen „HS" für den Hauptsatz, „GS" für die Gliedsätze und übersetze.

Caesar und Kleopatra

1 Cleopatra cum cuperet, ut regnum acciperet, amicitiam Caesaris petivit.

2 Caesar cum eam in Aegypto subito in regia[1] spectavisset, statim forma eius ita

3 commotus est, ut magno mulieris amore afficeretur. Ita accidit, ut Caesar mox cum

4 Cleopatra et communi[2] filio Romam rediret, ut ibi novam familiam suam ostenderet.

1) **rēgia, -ae** f: Palast 2) **commūnis, -is, -e**: gemeinsam

Lektion 29

W 3 Irrläufer – eine Vokabel passt nicht zu den anderen. Umkreise sie und begründe.

mirus – clarus – onus – occultus

deliberare – suscipere – nuntiare

_____

_____

protinus – prius – repente – omnino

circumstare – exire – claudere

_____

_____

libido – admiratio – custos

accendere – incedere – rumpere

_____

_____

4 Namen – Orte – Geschehnisse rund um Caesar: Sortiere, was zusammengehört, richtig ein.
Ein Begriff bleibt übrig: _____ .

Rubikon – Pompejus – Aeneas – Cassius – Ptolemäus – Gallien – Alexandria – Crassus – Curia des Pompejus – Rhein – Kleopatra – Venus – Brutus

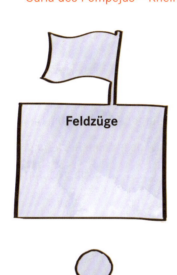

Feldzüge

Vermittlungsgesuch

Abstammung

Dreierbündnis

Tod

G 5 Unterstreiche die Indikativformen einfach, die Konjunktivformen doppelt.
Markiere die Formen, die mehrdeutig sind.

defendemus – vellem – expugnavissem – dimittant – territi sint – parent – fuimus – ductus esset – inviteris – egerit – finietur – petiverat – pellatis – scribam – lusero – abeamus – laederetur

Lektion 30

1 Setze die Begriffe richtig ein.

filius Divi – princeps inter pares – Augustus – imperium – tribunicia potestas – pax Augusta – Goldenes Zeitalter – pontifex maximus – res gestae – corona civica

1. Zu Ehren der _____ ließ der Senat einen Altar mit kostbaren Reliefs errichten. 2. Gaius Octavius galt als _____, da sein Adoptivvater Julius Caesar zum Gott erhoben worden war. 3. Er erneuerte als _____ alte Tempel und Kulte. 4. Da der Senat der Wiederherstellung der *res publica* nicht zustimmte, wurde ihm zunächst der Titel _____ verliehen. 5. Zusätzlich erhielt er das _____ (Oberkommando über die Armee) sowie die _____. 6. Alle Macht lag bei ihm, obwohl er als _____ gelten wollte. 7. In seinen _____ sagte er, er habe Rom von einer Ziegel- in eine Marmorstadt verwandelt. 8. Für die Rettung römischer Bürger erhielt er vom Senat die _____. 9. Augustus' Ziel war es, dass seine Regierungszeit als _____ wahrgenommen wurde.

2 Nenne die nächste Form und übersetze sie.
BEISPIEL: fers → fert: er, sie, es trägt

feremus → _____ : _____

rettulisti → _____ : _____

ferebamini → _____ : _____

allatus est → _____ : _____

tuleram → _____ : _____

refertis → _____ : _____

W 3 Unterstreiche alle Vokabeln, die etwas mit der Varusschlacht zu tun haben könnten.

ignoscere – legio – suspicio – adventus – deliberare – caedere – admiratio – tollere – claudere – coniuratio – castra – odium – tribunus – tendere – lectus – calamitas – pacare – aedis – neglegere – legatus – differre – iustitia – terror – laus – miles – pars – interficere – pons

Lektion 30

4 Markiere jeden Irrealis der Gegenwart rot, jeden Irrealis der Vergangenheit blau und übersetze.

1. „Nisi Marcum Antonium bello superavissem, senatus me imperatorem non fecisset."

___

2. Nisi Augustus hominibus pacem dedisset, ara pacis exstructa non esset.

___

3. „Si Iulia filia adhuc viveret, nunc felix essem."

___

5 Kreuze vor deiner Übersetzung an, ob die Aussagen stimmen oder nicht.

	stimmt	stimmt nicht
1. Arminius war der Anführer der Cherusker.	☐	☐
2. Die Römer mochten ihn nicht, weil er auch Germanisch sprach.	☐	☐
3. Arminius verließ das Heer, um sich mit den Verbündeten zu beraten.	☐	☐
4. Die Germanen warteten voll Zorn auf die Römer.	☐	☐
5. Die Getöteten wurden in das römische Lager zurückgebracht.	☐	☐
6. Augustus schickte neun Legionen, um mit den Germanen zu kämpfen.	☐	☐

September, 9. n. Chr.: Es kommt zur Katastrophe

1 Prima luce nemo in castris Romanorum in lecto quiescebat. Omnes milites
2 parati erant iter mediam in Germaniam facere. Inter milites fortes erat
3 Arminius, dux Cheruscorum. Qui vir magna auctoritate fuit, cum et linguam[1]
4 Germanorum et linguam[1] Latinam didicisset[2]. Postquam autem exercitus
5 nonnullas horas iter fecit, Arminius milites suos reliquit dicens se Germanos[3]
6 hostes iam procul vidisse. Periculum enim esse dixit, ne illi insidias pararent.
7 Sed ea re Arminius milites Romanos fefellit. Nam eo loco multos Germanos[3]
8 amicos convenit, qui iam ira acri milites Romanorum exspectabant, ut eos
9 caederent. Cum autem Romani appropinquarent, statim magna caedes[4] accidit.
10 Multi milites Romani ceciderunt. Qui autem necati non sunt, ii fugerunt
11 dicentes: „Nisi Arminio fidem dedissemus, tot milites necati non essent. Sed si
12 Augustus imperator legiones novas mitteret, iterum cum Germanis pugnare
13 possemus eosque certe superaremus."

1) **lingua, -ae** f: Sprache   2) **discere, discō, didicī**: lernen   3) **Germānus, -a, -um**: germanisch
4) **caedēs, caedis** f: Blutbad

31 Lektion

1 Sortiere die Abl. abs. nach Gleichzeitigkeit und Vorzeitigkeit und übersetze sie mit einem Gliedsatz.

deo favente – clamore audito – vobis timentibus – puella spectante – signo dato – fratre servato

gleichzeitig	Übersetzung

vorzeitig	Übersetzung

W 2 Erstelle eine Mindmap aus Vokabeln zum Thema „Roms Brandkatastrophe". Ergänze dazu die fehlenden Buchstaben.

- ig_____
- sa_____
- fl_____
- aed_____
- in_____
- in_____
- ar_____
- vi_____
- au_____
- fa_____
- de_____
- Chr_____
- lae_____
- cr_____
- oc_____
- ter_____
- fu_____

Roms Brandkatastrophe

3 Verbinde passend.

Nerone
- auctore ☐
- a Seneca docto ☐
- imperante ☐

a) cives eum clementem putabant.
b) urbs Roma incendio deleta est.
c) multi Christiani necati sunt.

28

CURSUS

Arbeitsheft 2
mit Lösungen
Ausgabe A

Lösungen

Herausgegeben von Michael Hotz und
Prof. Dr. Friedrich Maier

Bearbeitet von Britta Boberg und Andrea Wilhelm

C.C.Buchner Verlag, Bamberg
J. Lindauer Verlag, München
Oldenbourg Schulbuchverlag, München

Selbsttest Wiederholung 1–20

Tipps zum Vorgehen
Nimm dir jeweils einen Abschnitt vor, z. B. Vokabeln 1–4 oder Substantive oder Kulturwissen 17–20.
Wenn du dich nicht ganz sicher fühlst, dann informiere dich vorher über das jeweilige Thema, indem du z. B. die Vokabeln des Blocks wiederholst, den Stoff in der Begleitgrammatik klärst oder das Kulturwissen im Buch nachliest.
Führe die Wiederholungsaufgaben konzentriert durch, nutze für die Bearbeitung auch dein Heft und vergleiche deine Ergebnisse sorgfältig mit den Lösungen. Notiere dir Themen, zu denen Fragen entstanden sind, und kläre diese mithilfe deiner Lateinbücher oder deiner Lehrkraft.
Führe die Aufgaben nach einem gewissen zeitlichen Abstand (z. B. vier Wochen) noch einmal durch und überprüfe, ob du sicherer geworden bist.

W Wortschatz 1–20

a Überprüfe die Bedeutungen der Vokabeln mithilfe des alphabetischen Vokabelverzeichnisses in deinem Schülerband.
Lege dir eine Liste an mit Vokabeln, deren Bedeutung du nicht sicher gewusst hast, und nutze diese Liste für dein persönliches Vokabeltraining.

b Wenn deine Übersetzung eines Satzes von der hier gegebenen Lösung abweicht, dann kläre, ob es sich nur um einen Unterschied in der Formulierung oder um einen Fehler in Grammatik oder Vokabeln handelt. Nimm bei einem Vokabelfehler die Vokabel in deine persönliche Lernliste auf.

1–4
b 1. Die Sklaven nähern sich/kommen näher und hören die Worte des Herrn/hören den Worten des Herrn zu. Auch die Sklavinnen stehen da/dabei und schweigen.
2. Der Großvater freut sich sehr, denn in der Ferne erscheinen die/seine Freunde.
3. Der Reiter fragt: „Wer verwaltet die Provinz?"

5–8
b 1. Der Anwalt verteidigt den Angeklagten mit vielen Worten.
2. Die Richter freuen sich, denn die Stimme des Redners gefällt allen.
3. Während die Seeleute schlafen, dringen Piraten auf das Schiff ein und führen die Menschen weg in die Sklaverei/verschleppen die Menschen …

9–12
b 1. Ein grober Mann griff den Gast mit dem Schwert an/hat … angegriffen.
2. Einem guten Menschen allein/Nur einem guten Menschen ist es erlaubt, den Altar zu berühren.
3. Bei frommen Menschen ist es Brauch, die Gottheiten zu verehren.

13–16
b 1. Nach kurzer Zeit öffnete der junge Mann die Augen und stand auf/hat … geöffnet und ist aufgestanden.
2. Wir haben erfahren, dass der Sturm Bäume zerbrochen/umgeworfen hat.
3. Dann trat ein Bürger zum Herd hin und rief/sprach die Gottheit an: „Sei meinen Wünschen gnädig!"/ist … herangetreten und hat … angesprochen.

17–20
b 1. Die Bürgerschaft hat das Denkmal zu Ehren der Freiheit errichtet.
2. Die Tochter hört die nützlichen Ratschläge der Eltern nicht/hört sich … nicht an.
3. Wenn du den Befehl nicht annehmen willst, kannst du weder aus der Stadt weggehen noch in deine Heimat zurückkehren.

G Grammatik 1–20: Wortarten und Formen

Zur Klärung von Fragen hilft dir deine Begleitgrammatik:
Im Tabellenteil ab S.155 findest du die Formen nach Wortarten sortiert.
Im Sachverzeichnis ab S.185 findest du alphabetisch geordnet Stichwörter, unter denen du nachschlagen kannst.

Verben
a vide|nt → 3. Pl. Präs. – sie sehen; pugna|ba|t → 3. Sg. Impf. – er/sie/es kämpfte; narrav|imus → 1. Pl. Perf. – wir haben erzählt; cucurr|i → 1. Sg. Perf. – ich bin gelaufen; scrib|a|m → 1. Sg. Fut I – ich werde schreiben; es|tis → 2. Pl. Präs. – ihr seid; nolu|it → 3. Sg. Perf. – er/sie/es hat nicht gewollt; i|b|o → 1. Sg. Fut. I – ich werde gehen; fu|era|mus → 1. Pl. Plqupf. – wir waren gewesen; tace|o → 1. Sg. Präs. – ich schweige; ag|e|s → 2. Sg. Fut. I – du wirst handeln; rogav|eri|t → 3. Sg. Fut. II – er/sie/es wird gefragt haben; senti|mus → 1. Pl. Präs. – wir fühlen/merken/meinen; habe|s → 2. Sg. Präs. – du hast; spera|bi|tis → 2. Pl. Fut. I – ihr werdet hoffen; accep|isti → 2. Sg. Perf. – du hast angenommen; ded|erunt → 3. Pl. Perf. – sie haben gegeben; fu|eri|t → 3. Sg. Fut. II – er/sie/es wird gewesen sein; abi|bas → 2. Sg. Impf. – du gingst weg; cupi|eba|tis → 2. Pl. Impf. – ihr wünschtet; viv|e|nt → 3. Pl. Fut. I – sie werden leben; vol|o → 1. Sg. Präs. – ich will

b miserunt → mitte!/mittite! – mittere/misisse; tacueramus → tace!/tacete! – tacere/tacuisse; audiet → audi!/audite! – audire/audivisse; reditis → redi!/redite! – redire/redisse; liberabit → libera!/liberate! – liberare/liberavisse; spero → spera!/sperate! –

sperare/speravisse; responditis → responde!/
respondite! - respondere/respondisse; curris → curre!/
currite! - currere/cucurrisse

Substantive und Adjektive

a deos → Akk. Pl. von *deus* - der Gott; cives → Nom. Pl./
Akk. Pl. von *civis* - der Bürger; epistula → Nom. Sg./
Abl. Sg. von *epistula* - der Brief; auxilio → Dat. Sg./
Abl. Sg. von *auxilium* - die Hilfe; patris → Gen. Sg. von
pater - der Vater; temporibus → Dat. Pl./Abl. Pl. von
tempus - die Zeit; viri → Gen. Sg./Nom. Pl. von *vir* -
der Mann; saluti → Dat. Sg. von *salus* - die Rettung;
amicorum → Gen. Pl. von *amicus* - der Freund; filiae →
Gen. Sg./Dat. Sg./Nom. Pl. von *filia* - die Tochter;
verbis → Dat. Pl./Abl. Pl. von *verbum* - das Wort;
corpora → Nom. Pl./Akk. Pl. von *corpus* - der Körper;
civitas → Nom. Sg. von *civitas* - der Staat; medicum →
Akk. Sg. von *medicus* - der Arzt; regi → Dat. Sg. von
rex - der König; terrarum → Gen. Pl. von *terra* - die
Erde; moribus → Dat. Pl./Abl. Pl. von *mos* - die Art;
exempla → Nom. Pl./Akk. Pl. von *exemplum* - das
Beispiel; mente → Abl. Sg. von *mens* - der Geist;
opus → Nom. Sg./Akk. Sg. von *opus* - das Werk;
horas → Akk. Pl. von *hora* - die Stunde; signum →
Nom. Sg./Akk. Sg. von *signum* - das Zeichen; homines
→ Nom. Pl./Akk. Pl. von *homo* - der Mensch; iure →
Abl. Sg. von *ius* - das Recht; equiti → Dat. Sg. von *eques*
- der Reiter; puerum → Akk. Sg. von *puer* - der Junge

b consilium utile - Nom. Sg./Akk. Sg. (n); curae graves -
Nom. Pl./Akk. Pl. (f); epistula brevi - Abl. Sg. (f); homines
inhumanos - Akk. Pl. (m); mores pii - Nom. Pl. (m);
opus ingens - Nom. Sg./Akk. Sg. (n); oratoris egregii
- Gen. Sg. (m); reginam pulchram - Akk. Sg. (f); terrarum
alienarum - Gen. Pl. (f); tota urbe - Abl. Sg. (f); verbis
asperis - Dat. Pl./Abl. Pl. (n); victor felix - Nom. Sg. (m);
virum clementem - Akk. Sg. (m)

Pronomina

a 1. Amici te e periculo servaverunt. - Die Freunde haben
dich aus der Gefahr gerettet. 2. Exemplum vobis
explanabo. - Ich werde euch das Beispiel erklären.
3. Medicus nobis consilium dedit. - Der Arzt hat uns
einen Rat gegeben. 4. Epistulam ei scribam. - Ich
werde ihr einen Brief schreiben. 5. Litteras ab eo
accepi. - Ich habe einen Brief von ihm erhalten.
6. Narra mihi de regibus Romanis! - Erzähl mir von den
römischen Königen! 7. Consul vos exspectat. - Der
Konsul erwartet euch. 8. Ibi consules stant. Nonne eos
vides? - Dort stehen die Konsuln. Siehst du sie denn
nicht? 9. Tecum per forum ambulare volo. - Ich will mit
dir über das Forum spazieren. 10. Pater hospites
salutat et eos in villam ducit. - Der Vater begrüßt die
Gäste und führt sie in das Landhaus.

b 1. Canes nostros quaerimus. - Wir suchen unsere
Hunde. 2. Sententiam tuam non probo. - Ich billige
deine Meinung nicht/heiße deine Meinung nicht gut.
3. Romulus fratrem suum necavit. - Romulus hat
seinen (eigenen) Bruder getötet. 4. Num regem vestrum
virum bonum esse putatis? - Glaubt ihr etwa, dass euer
König ein guter Mann ist? 5. Villam amici nostri
intramus. - Wir betreten das Landhaus unseres
Freundes. 6. Orator arte sua homines delectat. -
Der Redner erfreut mit seiner Kunst die Menschen.
7. Flaviam et Gallam piratae vendiderunt; itaque familia
sortem earum ignorabat. - Piraten haben Flavia und
Galla verkauft, deshalb kannte die Familie ihr/deren
Schicksal nicht. 8. Quintus: „Flavia uxor mea erit, pater
eius nuptias non recusabit." - Quintus (sagt): „Flavia
wird meine Frau (sein), ihr Vater wird die Heirat nicht
ablehnen."

G Grammatik 1-20: Syntax

Satzglieder

1. Senatores (→ Subjekt: wer?) consulem (→ Akkusativ-
Objekt: wen?) salutant (→ Prädikat).
2. Subito (→ Adverbiale: wie?) eques (→ Subjekt: wer?)
senatoribus (→ Dativ-Objekt: wem?) nuntium
(→ Akkusativ-Objekt: was?) apportat (→ Prädikat).
3. Hodie (→ Adverbiale: wann?) in urbe (→ Adverbiale:
wo?) magnum (→ Adjektiv-Attribut zu *clamorem*)
clamorem (→ Akkusativ-Objekt: was?) audimus →
Subjekt: wer?/→ Prädikat).
4. Auxilio (→ Adverbiale: wodurch?) deorum (→ Genitiv-
Attribut zu *auxilio*: wessen?) pater (→ Subjekt: wer?)
Quinti (→ Genitiv-Attribut zu *pater*: wessen?) Flaviam
puellam (→ Akkusativ-Objekt: wen?) e servitute
(→ Adverbiale: wovon?) liberavit (→ Prädikat).
5. Romani (→ Subjekt: wer?) deos (→ Akkusativ-Objekt:
wen?) orare (→ Akkusativ-Objekt: was?) eis (→ Dativ-
Objekt: wem?)que sacrificare (→ Akkusativ-Objekt:
was?) solent (→ Prädikat).
6. Galla (→ Subjekt: wer?) [se nunc liberam esse]
(AcI → Akkusativ-Objekt: was?) scit (→ Prädikat).
7. Dum servi (→ Subjekt: wer?) furem (→ Akkusativ-
Objekt: wen?) quaerunt (→ Prädikat), domina
(→ Subjekt: wer?) maesta (→ Praedicativum: wie?)
stat (→ Prädikat).
8. Epistulam (→ Akkusativ-Objekt: was?), quam (→
Akkusativ-Objekt: was?) Flavia (→ Subjekt: wer?)
scripserat (→ Prädikat), Quintus (→ Subjekt: wer?)
saepe (→ Adverbiale: wie?) legebat (→ Prädikat), quod
eam (→ Akkusativ-Objekt: wen?) amabat (→ Subjekt:
wer?/→ Prädikat).

Die Subjunktionen (Satz 7: dum, Satz 8: quod) sind
keine Satzglieder.

Satzgefüge

1. Pater deis sacrificavit, quod filiam servaverant. -
Der Vater opferte den Göttern/hat ... geopfert, weil
sie seine Tochter gerettet hatten.
2. Ego in agris laboro, dum amici per forum ambulant
et consules, senatores, iudices vident. - Ich arbeite
auf den Feldern, während meine Freunde über das
Forum spazieren und die Konsuln, Senatoren und
Richter sehen.
3. Quamquam ventus secundus est, nautae non
gaudent, nam piratae navi appropinquant. - Obwohl
der Wind günstig ist, freuen sich die Seeleute nicht,
denn Piraten nähern sich dem Schiff.

Selbsttest Wiederholung 1–20

4. Pater, mater, avus cum hospitibus in villa sedent et cenam exspectant, |quam| servi parant. – Der Vater, die Mutter und der Großvater sitzen mit den Gästen im Landhaus und warten auf das Essen, das die Sklaven zubereiten.
5. Vir, |quamquam| se furem non esse dixit, in villam consulis invasit. – Obwohl der Mann sagte/gesagt hat, dass er kein Dieb sei, ist er in das Landhaus des Konsuls eingebrochen.
6. |Si| tu in periculo eris, amici tibi auxilium dabunt, |etsi| tu eis numquam adfuisti. – Wenn du in Gefahr sein wirst/bist, werden dir die Freunde Hilfe leisten/helfen, auch wenn du ihnen niemals geholfen hast.
7. |Cum| eum rogabam, neque ridebat neque respondebat, sed tacebat et abibat. – (Immer) Wenn ich ihn fragte, lachte er nicht und antwortete auch nicht, sondern er schwieg und ging weg.
8. Omnia, |quae dixisti|, credere non possum, |quod amicum meum esse simulavisti|. – Alles, was du gesagt hast, kann ich nicht glauben, weil du vorgetäuscht hast, mein Freund zu sein/, dass du mein Freund bist.

Satzwertige Konstruktionen: AcI

1. Lucius (patrem in villa non esse) ← dicit. – Lucius sagt, dass sein Vater nicht im Haus ist/sei.
2. (Eum nos hodie exspectare) ← credidimus. – Wir haben geglaubt, dass er uns heute erwartet.
3. (Patrem epistulam avi accepisse et statim cum fratre abisse) ← cognoscimus. – Wir erfahren, dass der Vater einen Brief des Großvaters erhalten hat und sofort mit seinem Bruder (zusammen) weggegangen ist.
4. Lucius narrat → (eos iam ante multas horas Roma decessisse). – Lucius erzählt, dass sie schon vor vielen Stunden Rom verlassen haben/hätten.
5. Dominus Gallae libertatem dedit; itaque puella (se nunc liberam esse) ← scit. – Der Herr hat Galla die Freiheit gegeben; deshalb weiß das Mädchen, dass sie nun frei ist.
6. (Te Romae fuisse) ab amicis ← cognovi. – Ich habe von Freunden erfahren/Ich weiß …, dass du in Rom gewesen bist.
7. Cum piratae appropinquant, nautae (eos navem invadere hominesque necare) ← sciunt. – Immer wenn Piraten sich nähern, wissen die Seeleute, dass sie/diese das Schiff überfallen und die Menschen töten.
8. Senatores (se consulem ubique quaesivisse neque eum vidisse) ← clamant. – Die Senatoren rufen, dass sie den Konsul überall gesucht haben/hätten, ihn aber nicht gesehen haben/hätten.

K Kulturwissen 1–20

> Über das Kulturwissen kannst du in den Lektionen, jeweils auf deren erster und vierter Seite, auf den Kulturseiten der Inseln sowie im alphabetisch geordneten Eigennamenverzeichnis deines Buches ab S. 281 nachlesen. Für die Informationstexte findest du hier Formulierungsbeispiele. Wenn dein Text in Sachinformationen davon abweicht, dann korrigiere ihn entsprechend.

1–4

a Informationstext über den *Circus Maximus*:
Der Circus Maximus ist eine der vier großen Rennbahnen Roms. Er liegt im Zentrum Roms unterhalb der Kaiservillen. Der Circus ist 650 m lang und 150 m breit und fast 250 000 Zuschauer. An einer Schmalseite befindet sich ein Tor, durch das die *pompa*, der feierliche Festzug zur Eröffnung der Spiele, in den Circus einzieht, auf der anderen Seite sind die zwölf Startboxen *(carceres)*. Auf dem Mittelstreifen des Circus, der *spina*, stehen Statuen und ein Obelisk sowie die Rundenzähler (sieben bewegliche Bronzeeier und -delphine) und kegelförmige Säulen, die *metae*, die die Wendepunkte markieren.

b ① insulae – ② atrium – ③ triclinium – ④ pater familias – ⑤ servi – ⑥ tunica – ⑦ toga – ⑧ provincia

5–8

a Informationstext über das *Forum Romanum*:
Das Forum Romanum ist der zentrale Platz Roms. Dort treffen sich die Römer, wenn es um Politik, um Handeln oder um Prozesse geht, aber auch für private Unterhaltung. Auf dem Forum befinden sich die meisten wichtigen Gebäude: die *curia* – der Sitzungssaal des Senats, die *rostra* – die Rednertribüne, die *basilica Iulia*, in der Gerichtsprozesse stattfinden, und die basilica Aemilia mit Läden *(tabernae)* sowie zahlreiche Tempel, z. B. der Concordia, des Saturn und der Vesta.

b ⑨ frigidarium – ⑩ palaestra – ⑪ Sachen – ⑫ liberti – ⑬ patronus – ⑭ paedagogus – ⑮ grammaticus – ⑯ Rhetor

9–12

a Informationstext über das *Kolosseum und die Gladiatorenspiele*:
Das Kolosseum ist das größte und bekannteste Amphitheater Roms. Darin fanden die Gladiatorenspiele statt. Es befindet sich in der Nähe des Forum Romanum. Das Gebäude hat vier Stockwerke und ist 57 m hoch, 188 m lang und 156 m breit. Es fasste 50 000 Zuschauer. Es wurde von der Kaiserfamilie der Flavier erbaut und 80 n. Chr. eingeweiht; deshalb hieß es ursprünglich *Amphitheatrum Flavium*. Später wurde es nach einer 35 m hohen Statue des Sonnengottes, die in der Nähe stand, *Colosseum* genannt. Bei den Gladiatorenspielen kämpfen Kriegsgefangene oder zum Tode Verurteilte, die in Gladiatorenschulen ausgebildet werden, mit unterschiedlicher Bewaffnung (z. B. *retiarius* – mit Dreizack, Dolch und Wurfnetz) gegeneinander oder gegen wilde Tiere.

b ⑰ provincia – ⑱ Vercingetorix – ⑲ Alphabet – ⑳ Delphi – ㉑ Diana – ㉒ Reisen – ㉓ Iuppiter – ㉔ Minerva

13–16

a Informationstext über die *Religion der Römer*:
Die Römer verehren die olympischen Gottheiten, für die nach etruskischem Vorbild Tempel gebaut werden, wo ihnen nach vorgeschriebenem Ablauf Tiere geopfert werden.
Außerdem verehren sie Hausgötter wie z. B. die Laren (die Seelen der Verstorbenen), die Penaten (die Götter der Vorratskammer) und den Genius (der persönliche Schutzgeist des *pater familias*). Für diese Hausgötter gibt es im Atrium eine Nische oder ein Schränkchen, das Lararium.
Das Prinzip der Religion lautet „Do, ut des." – „Ich gebe, damit du gibst." Für das Opfer wird eine Gegenleistung von den Göttern erhofft.
Zur Erforschung des Willens der Götter haben die Römer speziell ausgebildete Priester: Die Auguren beobachten die Vögel und das Wetter, die Haruspices untersuchen die Eingeweide der Opfertiere.

b ㉕ Papyrus – ㉖ stilus – ㉗ codex – ㉘ Meilen – ㉙ Erbauer – ㉚ Appia – ㉛ Pantomime – ㉜ Bühnenwand

17–20

a Informationstext über das *Trajansforum*:
Das Trajansforum ist eine große Anlage mit einer Gerichtshalle, einem Markt und zwei Bibliotheken. Dort steht die Trajanssäule, eine ca. 40 m hohe Säule zu Ehren des Kaisers Trajan. Auf einem Fries, der spiralförmig um die Säule läuft, ist die Geschichte der Kriege, die Kaiser Trajan gegen die Daker (ein Volk im Gebiet des heutigen Rumänien) geführt hat, aus römischer Sicht abgebildet. Auf den Bauten des Trajansforums stehen große Figuren gefangener Daker. Das Trajansforum wurde 112 n. Chr. eingeweiht.

b ㉝ Limes – ㉞ Donau – ㉟ rusticae – ㊱ Augusta – ㊲ Vestalin – ㊳ Feuer – ㊴ Messer – ㊵ nux

> ⑲ Alphabet ㉚ Appia ② atrium ㊱ Augusta
> ㉜ Bühnenwand ㉗ codex ⑳ Delphi ㉑ Diana
> ㉞ Donau ㉙ Erbauer ㊳ Feuer ⑨ frigidarium
> ⑮ grammaticus ① insulae ㉓ Iuppiter ⑫ liberti
> ㉝ Limes ㉘ Meilen ㊴ Messer ㉔ Minerva ㊵ nux
> ⑭ paedagogus ⑩ palaestra ㉛ Pantomime
> ㉕ Papyrus ④ pater familias ⑬ patronus
> ⑧ provincia ⑰ provincia ㉒ Reisen ⑯ Rhetor
> ㉟ rusticae ⑪ Sachen ⑤ servi ㉖ stilus ⑦ toga
> ③ triclinium ⑥ tunica ⑱ Vercingetorix ㊲ Vestalin

Lektion 21

1 stimmt (D) – stimmt nicht (I) – stimmt (S) – stimmt (E) – stimmt nicht (F)
Lösungswort: FIDES

2 a-Dekl.: epistula, vita, causa, nauta, hora
o-Dekl.: animus, bellum, puer, vir, filius, signum, populus, regnum
Kons. Dekl.: frater, civis, mens, genus, mater, nox, navis, salus, ius, orator, homo, tempus, ars
e-Dekl.: fides, spes, res

3 Priamos: König der Troianer, Vater von Hektor und Paris
Menelaos: König von Sparta, Ehemann von Helena
Schliemann: grub Troia im 19. Jh. aus
Agamemnon: König von Mykene, Bruder des Menelaos, Anführer der Griechen
Paris: Sohn des Königs Priamos; hat Helena entführt
Homer: griech. Dichter, 8. Jh. v. Chr., schrieb die Epen *Ilias* und *Odyssee*
Hektor: Sohn des Königs Priamos, Bruder des Paris
Helena: Frau des Königs Menelaos von Sparta; galt als die schönste Frau der Welt
Ilias: Epos des Dichters Homer über den Troianischen Krieg
Discordia: Göttin der Zwietracht; warf den goldenen Apfel bei der Götterhochzeit

4 Übersetzung:
Die Priesterin Kassandra konnte zukünftige Ereignisse vorhersehen. Auch den Untergang Troias sagte sie voraus, aber niemand schenkte ihr Glauben/glaubte ihr. Deshalb eilte sie, während die Troianer das riesige Pferd der Griechen in die Stadt zogen, zu den Mauern und rief: „O ihr Elenden/Unglücklichen! Hört mich an! Wenn ihr nicht hört (hören werdet), werden wir alle durch dieses Ding zugrunde gehen. Ich weiß, dass die Griechen nämlich in allen Dingen/Fällen/Situationen/ in jeder Hinsicht/bei jeder Gelegenheit List anwenden. Auch in dieser Sache/Angelegenheit/in diesem Fall!" Und zum Vater: „Du bist", sagte sie, „ein Mann von großer Klugheit/sehr kluger Mann. Wieso merkst du nicht, dass dieses Ding für unsere Heimat höchst gefährlich ist?" Nachdem Kassandra jedoch erkannt hatte, dass sie ihre Mitbürger von der Gefahr/ Gefährlichkeit dieses Dings nicht überzeugen konnte, gab sie die Hoffnung auf und ging traurig weg.

5 1. Priester – 2. Klugheit – 3. Feind – 4. List – 5. Brand – 6. weggehen – 7. Angst – 8. Meinung – 9. Zorn – 10. Ansehen – 11. vernichten – 12. unsicher – 13. Mauer – 14. wegen – 15. verlassen – 16. nachdem – 17. bauen – 18. Strand – 19. drohen
Lösungswort: teilnehmen – interesse

Lektion 22

1 de **hac** et **ea** sententia — **has** et **eas** deas
hanc et **eam** spem — **huius** et **eius** oratoris
hos et **eos** homines — **hunc** et **eum** virum
horum et **eorum** hostium — **his** et **eis** rebus
hoc et **id** opus — **haec** et **ea** nomina
Fehlende Formen: **hic** et **is** amicus

2 agere: Infinitiv – addere: Infinitiv – <u>aspere</u>: hart – aspice: Imperativ Sg. von *aspicere*; graviter: schwer – sinister: Nom. Sg. m – iter: Nom./Akk. Sg. von *iter* – praeter: Präposition; acre: Nom. Sg. n von *acer* – mare: Nom./Akk. Sg. von *mare* – ire: Infinitiv – <u>vere</u>: wahr(haftig); vester: Nom. Sg. m – dexter: Nom. Sg. m – <u>clementer</u>: mild, sanft – noster: Nom. Sg. m

3 „Sprecher" des Textes ist ein Gefährte des Odysseus, den Kirke in ein Schwein verwandelt hat. Kirke *(haec mulier)* hat die Gefährten angelockt *(verba blanda me huc duxerunt)*, sie hat ihnen einen Trank gegeben *(potionem dedit)* und die Männer verwandelt *(me mutavit; ... eam etiam hos mutavisse)* und zwar in Tiere *(non iam homines sumus)*, die ein lächerliches Aussehen haben *(omnes ob hanc figuram¹ me irridebunt)*.
Mögliche Überschrift:
Klage eines Schweins/einer verzauberten Person
Übersetzung:
„Diese Frau hat mir einen Trank gegeben und hat mich verwandelt. Die schmeichlerischen Worte dieser Frau haben mich hierher geführt. Es ist mir nicht möglich, von hier zu entfliehen, weil alle mich auslachen werden wegen dieses Aussehens! O Götter, helft uns! Betrachtet meine Gefährten: Ihr werdet sehen, dass sie auch diese verwandelt hat! Hört deren beklagenswertes Geschrei! Wir sind keine Menschen mehr. Wer wird uns von dieser Frau befreien?"

4 **I**THAKA – TR**O**IA – **Z**EHN – **S**IRENEN – POLYP**H**EM – PENE**L**OPE
Lösungswort: HELIOS.

5

	Infinitiv	1. P. Sg. Präs.	1. P. Sg. Perf.	deutsche Bedeutung
cepisti	capere	capio	cepi	nehmen, erobern
occurram	occurrere	occurro	occurri	entgegenkommen, begegnen
aspiciet	aspicere	aspicio	aspexi	anblicken
persuaserunt	persuadere	persuadeo	persuasi	überzeugen; überreden
statuunt	statuere	statuo	statui	beschließen; aufstellen
egeratis	agere	ago	egi	tun; handeln
iurabo	iurare	iuro	iuravi	schwören
redeunt	redire	redeo	redii	zurückgehen
proiecimus	proicere	proicio	proieci	(nieder-, vor)werfen
metuent	metuere	metuo	metui	sich fürchten; befürchten
defecerunt	deficere	deficio	defeci	verlassen; ausgehen
stringebat	stringere	stringo	strinxi	ziehen

Lektion 23

1 Die bei den PPP-Formen fehlenden Buchstaben sind fett gedruckt und unterstrichen.
accipere – ac**c**eptus, vocare – v**o**catus, rogare – ro**g**atus, defendere – defe**n**sus, relinquere – rel**i**ctus, cogere – coac**t**us, audire – audit**u**s, mittere – **m**issus.
Lösungswort: cognitum

2 1. Urbs Troia a Graecis deleta est. – Die Stadt Troia ist von den Griechen zerstört worden.
2. Aeneas a deis per maria missus est. – Aeneas ist von den Göttern über die Meere geschickt worden.
3. In Latio Aeneas a rege Latino acceptus est. – In Latium wurde Aeneas von König Latinus empfangen/aufgenommen.
4. Hector ab Achille occisus est. – Hektor ist von Achill getötet worden.
5. Anchises ab Aenea filio servatus est. – Anchises ist von seinem Sohn Aeneas gerettet worden.
6. Helena a Paride abducta est. – Helena ist von Paris entführt worden.

3 Verbformen und Pronomen mit Bezug auf:
– Anna: missa sum, cucurri, Audiveram (Z. 1), propero (Z. 2), inveni (Z. 3), persuasi, mihi (Z. 4);
– Dido: a te (Z. 1), tua, tuis (Z. 4), a te (Z. 4/5), te (Z. 6);
– Aeneas: ei (Z. 3), eius (Z. 4), Dixit, se (Z. 5), reliquit (Z. 6)
Übersetzung:
„Nachdem ich von dir zum Strand geschickt worden war, lief ich schnell dorthin. Ich hatte nämlich gehört, dass die troianischen Männer/Troianer schon von Aeneas zu den Schiffen gerufen worden waren. Und tatsächlich, während ich zum Strand eilte, wurden die Schiffe schon ins Meer/Wasser gelassen. Bald allerdings habe ich Aeneas gefunden – aber ich habe ihn nicht von deinem Willen überzeugt/habe ihn nicht … überzeugen können. Sein Herz wurde weder durch deine Bitten noch durch die Worte, die mir von dir aufgetragen worden waren, bewegt/Sein Sinn wurde … beeinflusst. Er sagte aber, dass er von den Göttern beauftragt worden sei, die Liebe der Königin zurückzuweisen und aus Karthago wegzugehen/Karthago zu verlassen. So hat er dich Unglückliche verlassen."

4 Juno: oberste Göttin, hasst die Troianer (weil Paris nicht ihr, sondern Venus den Preis für die Schönheit zuerkannt hat) – Venus: seine Mutter – Dido: Königin von Karthago, Geliebte, wird von ihm verlassen – Anchises: sein Vater, wird von ihm aus dem brennenden Troia getragen – Iulus: sein Sohn, verlässt mit ihm Troia – Latinus: König von Latium, nimmt Aeneas und die Troianer in Italien auf – Turnus: kämpft mit Aenas, wird von ihm getötet

5 Verben, die – auch im weitesten Sinne – etwas mit „sprechen, sich äußern" zu tun haben:
clamare: rufen, schreien – dicere: sagen, sprechen – disserere: erörtern – docere: lehren – explanare: erklären – inquit: sagt(e) er – iubere: befehlen, beauftragen – iurare: schwören – mandare: auftragen; monere: erinnern, mahnen – narrare: erzählen – negare: ablehnen – orare: bitten, beten – persuadere: überreden, überzeugen – promittere: versprechen – respondere: antworten – rogare: fragen, bitten – salutare: (be)grüßen – vocare: rufen, nennen

Lektion 24

1 vocatus sum: Perf. – ich bin gerufen worden, missa eras: Plqupf. – du warst geschickt worden, relictus erit: Fut. II – er wird verlassen worden sein, amata erat: Plqupf. – sie war geliebt worden, pugnatum est: Perf. – es ist gekämpft worden, salutati eramus: Plqupf. – wir waren gegrüßt worden, quaesitae estis: Perf. – ihr seid gesucht worden, audita erunt: Fut II – sie werden gehört worden sein

2 Die auf dem Notizzettel einzusetzenden Begriffe sind fett gedruckt.
– R + R: Vater **Mars**, Mutter **Rea Silvia** (Priesterin der **Vesta**)
Großvater: **Numitor**, König von Alba **Longa**,
Onkel: Amulius, vertreibt seinen **Bruder** vom Thron
– werden auf **dem Tiber** ausgesetzt, aber von einer **Wölfin** gerettet
– gründen Rom, **Romulus** tötet **Remus**
– Rom wird in Frühzeit von den **Etruskern** beherrscht; heißen bei Römern auch **Tusci** (→ ital. Landschaft Toscana)

3 Urbs, postquam condita est, cito crevit, nam Romulus omnes, qui patriam novam quaerebant, in urbem suam accepit. 2. Sed viri solum venerunt. 3. Qui quod neque feminas neque filios filiasque habebant, uxores ducere voluerunt. Sed ceterae civitates, quamquam saepe a Romulo rogatae erant, negaverunt. 4. Itaque Romulus dolum paravit Romanisque dixit: 5. „Nisi nobis puellas dare volunt, nos eas abducemus. 6. Spectacula dabimus omnesque invitabimus!. 7. Ubi vobis signum datum erit, concurrite virginesque abducite!" 8. Et profecto Romani, dum ii, qui invitati erant, per urbem ambulant, accurrerunt virginesque abduxerunt.
Übersetzung:
1. Nachdem die Stadt gegründet worden war, wuchs sie schnell, denn Romulus nahm alle, die eine neue Heimat suchten, in seine Stadt auf. 2. Aber es kamen nur Männer. 3. Weil diese/sie weder Frauen noch Söhne und Töchter hatten, wollten sie heiraten. Aber die übrigen Völker lehnten (es) ab, obwohl sie oft von Romulus (darum) gebeten worden waren. 4. Deshalb bereitete Romulus eine List vor und sagte zu den Römern: 5. „Wenn sie uns die Mädchen nicht geben wollen, werden wir sie entführen. 6. Wir werden Schauspiele geben/veranstalten und alle einladen. 7. Sobald euch ein Zeichen gegeben sein wird/gegeben wird, lauft zusammen und entführt die jungen Frauen."
8. Und tatsächlich liefen die Römer, während diejenigen, die eingeladen worden waren, durch die Stadt spazierten, herbei und entführten die jungen Frauen.

4 Vokabeln, die in einer Erzählung über Romulus und Remus vorkommen könnten:
alter: der eine/der andere – avis: Vogel – certare: streiten – condere: gründen – exstruere: bauen, errichten – filia: Tochter – imperium: Herrschaft – interficere: töten – iratus: zornig – irridere: verspotten – litus: Strand – moenia: Stadtmauer – parvus: klein – uterque: jeder von beiden

Lektion 24–25

5 Reihenfolge der Textabschnitte:
H – D – C – G – A – E – B – F
Übersetzung:
(H:) Nach dem Tod des Vaters hat Amulius Numitor, der dann König war, aus der Stadt vertrieben, den Sohn des Numitor hat er getötet, seine Tochter Rea Silvia machte er zu einer Vestalin. Den Vestalinnen war es nämlich nicht erlaubt, Kinder zu haben.
(D:) Amulius aber irrte sich, denn Rea Silvia erschien Mars und sagte: „Nicht lange wirst du unglücklich sein, nicht lange wird Amulius die Herrschaft innehaben, denn du wirst Söhne haben, die ihn töten werden." Und tatsächlich hatte Rea Silvia Zwillinge, deren Vater Mars war.
(C:) Nachdem Amulius gehört hatte, dass Rea Silvia Söhne hatte, befahl er Sklaven, sie in den Kerker wegzuführen und ihre Söhne zu töten. Die Sklaven aber legten die kleinen Kinder in einen Korb; diesen ließen sie am Ufer des Tiber zurück.
(A:) Kurz darauf wurden sie von Faustulus gefunden, der sie aufzog und sie Romulus und Remus nannte.
(E:) Diese trafen als Jünglinge ihren Großvater Numitor, der seine Enkel über den grausamen König Amulius in Kenntnis setzte. Sofort haben Romulus und Remus zusammen mit einigen Freunden diesen mit Schwertern angegriffen und getötet.
(B:) Dann beschlossen sie, in in dieser Gegend, wo sie gefunden worden waren, eine neue Stadt zu gründen. Jedoch während Romulus die Mauern baute, verspottete Remus den Bruder, weil die Mauern so klein waren, und sprang über sie.
(F:) Darauf tötete Romulus erzürnt seinen Bruder und nannte die neue Stadt nach seinem Namen.

Lektion 25

1 Das Bezugswort des unterstrichenen Partizips ist fett gedruckt.
1. **Urbem** a Romulo conditam saepe spectavi, **oppidum** a Didone conditum numquam vidi. – Die von Romulus gegründete Stadt habe ich oft angeschaut, die von Dido gegründete Stadt habe ich niemals gesehen./Die Stadt, die von Romulus gegründet worden war, …, die Stadt, die von Dido gegründet worden war, …
2. Faustulus **pueros** in ripa Tiberis inventos servavit. – Faustulus hat die am Ufer des Tiber gefundenen Jungen gerettet./die Jungen, die am Ufer des Tibers gefunden worden waren, …
3. Nemo **urbem** muris parvis circumdatam defendere potuit. – Niemand konnte die von kleinen Mauern umgebene Stadt verteidigen./die Stadt, die von kleinen Mauern umgeben (worden) war, …

2 Die Verbesserung der unterstrichenen Fehler ist in Klammern angegeben.
1 In der Frühzeit der *res publica laeta* (libera) lag die Macht in
2 den Händen des Adels. Der Senat besteht vor allem aus
3 *Patriziern* und ehemaligen *Plebejern* (Magistraten). Frauen und
4 *Volkstribunen* (Sklaven) waren von der politischen Mitwirkung
5 ausgeschlossen. Die *Quästoren* (Prätoren) überwachten die
6 Rechtsprechung und die *Ädilen* waren für die
7 Sicherheit zuständig. An der Spitze des Senats standen
8 *drei* (zwei) *Konsuln*. Sie (Die Volkstribunen) hatten das *Vetorecht*, um ihre
9 Zustimmung zu einem Gesetz zu verweigern.

3 a Aus dem gleichen Wort- bzw. Sachfeld:
administrare – munus; avus – nepos; cognoscere – perspicere; corpus – os; gaudium – laetus; hostis – inimicus; ingenium – mens; terribilis – terrere
b Antonyme: dies – nox; durus – mollis; incipere – finire; iniuria – ius; imperare – parere; patres – plebs

4 Grammatik und Syntax sind folgendermaßen gekennzeichnet:
Unterstreichung: Hauptsätze, Nebensätze.
Markierung: Partizipien
– als **Teil des Prädikats im Passiv**; die Form von *esse* und das Subjekt sind unterstrichen.
– als Participium coniunctum; das Bezugswort ist *kursiv* gesetzt.
1 *Troiani* ab Aenea in Italiam ducti statim ab hominibus, qui ibi sedes
2 habebant, **petiti sunt**. Sed postquam rex eorum, nomine Latinus, audivit
3 *eos viros* e *Troia* incensa fugisse et a deis missos in Italiam venisse,
4 Aeneam sociosque magno cum gaudio accepit. Etiam *filiam suam* Turno,
5 *regi* Rutulorum, promissam Aeneae in matrimonium[1] dedit. Qua re laesus
6 *ille* cum Troianis bellum coepit.
Übersetzung:
Die Troianer, die von Aeneas nach Italien geführt worden waren, sind sofort von den Menschen, die dort ihre Wohnsitze hatten, angegriffen worden. Aber nachdem deren König mit Namen Latinus gehört hatte, dass diese Männer aus dem angezündeten Troia geflohen seien und von den Göttern geschickt/, weil sie von den Göttern geschickt worden seien, nach Italien gekommen seien, hat er Aeneas und seine Gefährten mit großer Freude aufgenommen. Auch hat er seine Tochter, die Turnus, dem König der Rutuler versprochen war/obwohl sie … versprochen war, Aeneas zur Frau gegeben. Davon verletzt/Weil jener deswegen beleidigt war, fing er Krieg mit den Troianern an.

5 1. Priamus (sagt): „Die Griechen werden die Stadt nicht einnehmen, weil sie von hohen Mauern umgeben ist."
2. Menealos (sagt): „Wir werden die Stadt der Troianer einnehmen, obwohl wie von hohen Mauern umgeben ist."
3. Weil Aeneas von seiner Mutter Venus unterstützt worden war, konnte er aus der von den Griechen angezündeten Stadt entfliehen./Durch die Unterstützung/Hilfe seiner Mutter Venus konnte Aeneas …
4. Aber die Göttin Juno, die von Paris beleidigt worden war, trieb Aeneas viele Jahre lang über die Meere./Juno trieb, weil sie … beleidigt worden war, …/Aber die Göttin Juno war von Paris beleidigt worden und trieb deshalb …

Lektion 26–27

Lektion 26

1 amabaris – du wurdest geliebt; monetur – er, sie wird ermahnt/gewarnt; mittentur – sie werden geschickt werden; rogabamini – ihr wurdet gefragt/gebeten; audiar – ich werde gehört werden; vocor – ich werde gerufen, genannt

2 siehe die Tabelle unten

3
1. ex pug na re – er o bern;
2. cu sto di re – be wa chen;
3. a ni mad ver te re – be mer ken;
4. mu ni re – befes ti gen;
5. temp ta re – ver su chen;
6. a scen de re – hi nauf stei gen;
7. per ve ni re – hin kom men;
8. fal le re – täu schen;
9. ra pe re – rau ben;
10. op pug na re – be la gern;

das lateinische Substantiv: vigilia – Wache;
das deutsche Substantiv: Kinder – liberi

4 Markierungen der „Sätze der Gänse", in denen sie <u>etwas über sich selbst</u>, etwas über die Römer, etwas zu den Römern sagen:
1. <u>Homines dicunt</u> Gallos in Italiam venisse et Romam petivisse."
2. „<u>Scio</u> iam multos dies Capitolium ab iis oppugnari."
3. „<u>Cives</u> se tutos esse putant, quod Capitolium adhuc numquam expugnatum esse sciunt."
4. „Itaque Capitolium facile defendi posse credunt."
5. „Sed <u>nos sentimus</u> Capitolium hac nocte in ingenti periculo esse."
6. „Et ego sentio Capitolium eo tempore a Gallis peti."
7. „<u>Cives Romani, nonne auditis</u> Gallos ad montem accedere?"
8. „<u>Nonne videtis</u> eos iam in Capitolium ascendere?"
9. „<u>Video</u> canes ut semper dormire."
10. „Itaque <u>nos Romanos</u> clamore <u>nostro</u> excitabimus."
11. „Ita a <u>nobis</u> servabuntur et nos semper ab eis colemur."

Übersetzung:
„Die Menschen sagen, dass die Gallier nach Italien gekommen seien und Rom angegriffen hätten." – „Ich weiß, dass schon viele Tage lang das Kapitol von ihnen belagert wird." – „Die Bürger glauben, dass sie sicher sind/halten sich für sicher, weil sie wissen, dass das Kapitol bis jetzt niemals erobert worden ist." – „Deshalb glauben sie, dass das Kapitol leicht verteidigt werden kann." – „Wir aber fühlen, dass das Kapitol zu diesem Zeitpunkt von den Galliern angegriffen wird." – „Römische Bürger, hört ihr denn nicht, dass die Gallier an den Hügel heranrücken?" – „Seht ihr denn nicht, dass sie schon auf das Kapitol hinaufsteigen/hinaufklettern?" – „Ich sehe, dass die Hunde wie immer schlafen." – „Deshalb werden wir die Römer mit unserem Geschrei/Geschnatter wecken." – „So werden sie von uns gerettet werden und wir werden immer von ihnen verehrt werden."

5 Die richtige Reihenfolge der Ereignisse der römischen Geschichte des 4./3. Jh.s:
1. Die Plebejer versuchen, mehr Einfluss zu erhalten; es kommt zu inneren Unruhen.
2. Gallier machen sich auf die Suche nach einem neuen Siedlungsgebiet.
3. Die Gallier dringen bis Mittelitalien vor.
4. Die Römer kämpfen gegen die Gallier an der Allia.
5. Die Gallier rücken in Rom ein.
6. Der Angriff der Gallier auf das Kapitol scheitert.
7. Die Verhandlungen über den Abzug der Gallier führt deren Anführer Brennus.
8. Die Römer müssen eine große Menge an Gold abliefern.
9. Die Macht Roms reicht bis an die Südküste Italiens.
10. Die süditalische Stadt Tarent leistet Widerstand.
11. König Pyrrhus von Epirus kämpft auf Seiten der Tarentiner.
12. In zwei Schlachten werden die Römer besiegt.
13. Die dritte Schlacht entscheiden die Römer für sich.
14. Ganz Italien steht unter römischem Einfluss.

Lektion 27

1 <u>illum</u> senatum: jenen Senat – <u>illa</u> manus: jene Hand; <u>illae</u> manus: jene Scharen; <u>illas</u> manus: jene Scharen – <u>illis</u> exercitibus: jenen Heeren – <u>illo</u> metu: durch jene Furcht – <u>illorum</u> exercituum: jener Heere
Übrig bleiben: illos, illud

2 ließ ihn als <u>9-Jährigen</u> schwören – überquerte er mit <u>50 000</u> Soldaten (die Alpen) – <u>schlug er die Römer</u> am lacus Trasimenus – <u>stand mit seinem Heer vor den Toren Roms</u> – 202 v. Chr. kämpften die Römer unter <u>P. Scipio</u> – Hannibal floh nach <u>Kleinasien</u>

3 PPA: capientis: capere, clamanti: clamare, ridentibus: ridere, parentem: parere
PPP: missos: mittere, dictis: dicere, recto: regere, incensus: incendere, coactum: cogere, iussa: iubere, paratus: parare, tacti: tangere
Adjektiv: clementem: clemens, recto: rectus, diligentes: diligens, laetam: laetus, paratus: paratus, ingentes: ingens

2

	Präsens-stamm	Tempus-Zeichen	Person-Zeichen	Übersetzung
rogabimur	roga	bi	mur	wir werden gefragt/gebeten werden
manent	mane	–	nt	sie bleiben
audiebatur	audi	(e)ba	tur	er, sie wurde gehört
irrideris	irride	–	ris	du wirst verspottet
timebamus	time	ba	mus	wir fürchteten
invitabor	invita	b	(o)r	ich werde eingeladen werden
vincetis	vinc	e	tis	ihr werdet siegen
aedificantur	aedifica	–	ntur	sie werden gebaut
regam	reg	a	m	ich werde herrschen
relinquemini	relinqu	e	mini	ihr werdet verlassen werden

Lektion 27-29

4
1 In insula Creta Hannibal (magnam pecuniae¹ vim secum <u>portans</u>) se in
2 periculo esse putabat. Nam sciebat iam omnes Cretenses² de ea re
3 audivisse. Sed ille (Cretensium² cupiditatem auri <u>timens</u>) pecuniam¹ suam
4 hoc dolo servavit: Multas amphoras³ plumbo⁴ complet⁵, summas operit⁶
5 auro. Quas Hannibal ante oculos eorum, qui insulam administrant, in templo¹ Dianae
6 deponit¹ (<u>simulans</u> se pecuniam¹ suam illorum fidei credere). Omnes statuas autem,
7 quas secum portabat, sua pecunia¹ complet⁵ easque in propatulo⁷ villae suae collocat.
8 Tum Cretenses² templum¹ magna cum cura custodiunt (<u>credentes</u> multum pecuniae¹
9 in insula relictum esse). Sic Hannibal res suas conservavit¹; postea eum (pecuniam
10 secum <u>portantem</u>) in Asiam fugisse traditum est.

Hannibal hat eine List angewendet, um sein Vermögen zu retten (*pecuniam hoc dolo servavit*). Er füllte viele Amphoren mit Blei und bedeckte die obere Schicht mit Gold. Diese brachte er zum Tempel der Diana und stellte sie zur Bewachung dort ab. Sein eigentliches Vermögen verbarg er in Statuen, die er in seine Villa stellte. Die Kreter vermuteten so das Vermögen im Tempel und nicht bei Hannibal zu Hause.

Übersetzung:
Auf der Insel Kreta glaubte Hannibal, dass er in Gefahr sei, weil er eine große Menge (an) Geld mit sich führte/bei sich trug. Er wusste nämlich, dass schon alle Kreter davon/von dieser Sache gehört hatten. Jener aber, weil er die Begierde der Kreter nach Gold fürchtete, hat mit folgender/dieser List sein Vermögen gerettet: Er füllt viele Amphoren mit Blei, die oberste Schicht der Amphoren bedeckt er mit Gold. Diese legt Hannibal vor den Augen derjenigen, die die Insel verwalten, in dem Tempel der Diana ab und tut so, als ob er sein Vermögen der Aufsicht/dem Vertrauen jener anvertraue. Alle Statuen aber, die er mit sich führte, füllt er mit seinem Geld an und stellt diese in dem Vorhof seiner Villa auf. Daraufhin bewachen die Kreter den Tempel mit großer Sorgfalt, da sie glauben, dass viel Geld/ein großes Vermögen auf der Insel zurückgelassen worden ist. So hat Hannibal sein Vermögen/seine Sachen bewahrt; es ist überliefert, dass er später nach Kleinasien geflohen ist und sein Vermögen bei sich trug.

5 1. Gold – 2. Freundschaft – 3. Soldat – 4. Heer – 5. Lager – 6. abwehren – 7. fordern – 8. gegen – 9. Furcht – 10. dunkel – 11. Hand – 12. Geiz – 13. Ende – 14. Hass   Lösung: Cannae

Lektion 28
1 Verres – Homo novus – Antonius – Konsulat – Philosophie – Catilina – res publica   Lösungswort: Atticus

2 narretur → narrare; promiserit → promittere; tactum sit → tangere; interrogeris → interrogare; moveat → movere; studuerimus → studere; regat → regere; facti sint → facere; obsideat → obsidere; concesserint → concedere; circumventus sim → circumvenire; vincatur → vincere; neglexeris → neglegere; eripiamus → eripere
Konj. Präs. Aktiv: moveat – regat – obsideat – eripiamus
Konj. Präs. Passiv: narretur – interrogeris – vincatur
Konj. Perf. Aktiv: promiserit – studuerimus – concesserint – neglexeris
Konj. Perf. Passiv: tactum sit – facti sint – circumventus sim

3 Rationalität → ratio: Art und Weise; Vernunft; der (vernünftige) Grund – Präsens → praesentia: Gegenwart – Obsession → obsidere: belagern; bedrängen – initiieren → inire: hineingehen; beginnen – Konzession → concedere: erlauben; zugestehen, einräumen – Patent → patere: offenstehen; klar sein

4 indirekter Fragesatz: cur → warum? – Begehrsatz: ut → dass; ne → dass nicht – Finalsatz: ut → damit; ne → damit nicht – Konsekutivsatz: ut → sodass – Temporalsatz: cum → als, nachdem

5 Aussagen über C. Heius und dessen Villa:
Z. 1: C. Heius … – Z. 3: …cognoscant.
Aussagen über die Taten des Verres:
Z. 3: Verres – Z. 4: …rapuit.
Verres Verteidigungsstrategie:
Z. 6: iste hoc uno verbo explanavit. Emi.
Gedanken und Forderungen Ciceros:
Z. 4: Nescio, cur … – Z. 5: …incitatus sit;
Z. 6: Quae impudentia … – Z. 8: … capiat.
Übersetzung:
C. Heius, ihr Richter, ist ein Einwohner der sizilischen Stadt Messana. Er hat seine Villa mit Dingen, die aus Gold gefertigt worden sind, und Bildern, die er von seinen Vorfahren erhalten hatte, geschmückt. Deshalb ist seine Villa so schön, dass alle sie kennen. Nachdem Verres nach Messana gekommen war, drang er, veranlasst durch die Begierde nach schönen Dingen, in diese Villa ein und raubte alle Bilder. Ich weiß nicht, warum dieser das getan hat. Ich weiß nicht, von welchem Wahnsinn dieser getrieben worden ist. Als erzählt worden ist, dass diese Bilder nun bei Verres seien, erklärt dieser das mit einem einzigen Wort: „Ich habe sie gekauft." Was für eine Unverschämtheit! Er sagt das, um Heius zu verspotten. Er sagt das, damit ihr, ihr Richter, nicht über ihn richten könnt. Ich fordere deshalb, dass dieser Mann ins Exil geschickt wird, damit unser Staat keinen Schaden erleidet.

Lektion 29
1 Konjunktiv Imperfekt:
pareremus (A): als/da wir gehorchten;
possetis (A): als/da ihr konntet;
ires (A): als/da du gingest
agerentur (P): als/da sie getan wurden;
tolleretur (P): als/da er, sie, es beseitigt/hochgehoben wurde
Konjunktiv Plusquamperfekt:
cecidissem (A): als/da ich gefallen war;
quaesivisses (A): als/da du gefragt hattest;
victus essem (P): als/da ich besiegt worden war;
tracti essemus (P): als/da wir gezogen worden waren;
fecisset (A): als/da er, sie gemacht hatte

2 Cleopatra cum cuperet, ut regnum acciperet, amicitiam Caesaris petivit.
   　　　　　 GS　　　　　　　　GS　　　　　　　　　　　HS
Weil Kleopatra begehrte, die Königsherrschaft zu erhalten/dass sie die Königsherrschaft erhielt,
erstrebte sie die Freundschaft Caesars/mit Caesar.

Caesar cum eam in Aegypto subito in regia spectavisset, statim forma eius ita commotus est,
　　　　　　　　　　　　　GS　　　　　　　　　　　　　　　　　　　　HS
ut magno mulieris amore afficeretur.
　　　　　　GS
Nachdem Caesar diese in Ägypten plötzlich im Palast betrachtet hatte, ist er von ihrer Schönheit so ergriffen worden, dass er in großer Liebe zu der Frau verfiel/dass er sich sehr in die Frau verliebte.

Ita accidit, ut Caesar mox cum Cleopatra et communi filio Romam rediret, ut ibi novam familiam suam ostenderet.
　HS　　　　　　　　　　　　　GS　　　　　　　　　　　　　　　　　　　　　　　GS
So geschah es, dass Caesar bald mit Kleopatra und dem gemeinsamen Sohn nach Rom zurückkehrte, um dort seine neue Familie zu zeigen.

3 onus: Substantiv, alle anderen sind Adjektive; suscipere: Verb der Kons. Konj., die anderen beiden: Verben der a-Konj.; omnino: alle anderen sind Zeitadverbien; claudere: die beiden anderen sind Verben, die eine Bewegung ausdrücken; custos: zeigt eine Person an; incedere: die beiden anderen Verben drücken einen Vorgang der Zerstörung aus.

4 Abstammung: Aeneas, Venus; Feldzüge: Gallien, Rhein; Tod: Cassius, Curia des Pompejus, Brutus; Dreierbündnis: Pompejus, Crassus; Vermittlungsgesuch: Ptolemäus, Alexandria, Kleopatra
Übrig bleibt: Rubikon

5 Indikativ: defendemus, parent, fuimus, egerit, finietur, petiverat, scribam, lusero
Konjunktiv: vellem, expugnavissem, dimittant, territi sint, parent, ductus esset, inviteris, egerit, pellatis, scribam, abeamus, laederetur

Lektion 30

1 1. pax Augusta – 2. filius Divi – 3. pontifex maximus – 4. Augustus – 5. imperium/tribunicia potestas – 6. princeps inter pares – 7. res gestae – 8. corona civica – 9. Goldenes Zeitalter

2 feremus → feretis: ihr werdet tragen; rettulisti → rettulit: er, sie, es hat zurückgetragen; ferebamini → ferebantur: sie wurden getragen; allatus est → allati sumus: wir sind herbeigebracht worden; tuleram → tuleras: du hattest getragen; refertis → referunt: sie berichten

3 legio – suspicio – adventus – caedere – tollere – coniuratio – castra – odium – tribunus – calamitas – legatus – terror – miles – interficere

4 1. superavissem/fecisset: Irrealis der Vergangenheit: „Wenn ich Marcus Antonius nicht im Krieg besiegt hätte, hätte der Senat mich nicht zum Imperator gemacht."
2. dedisset/exstructa … esset: Irrealis der Vergangenheit: Wenn Augustus den Menschen nicht Frieden gegeben hätte, wäre der Altar des Friedens nicht errichtet worden.
3. viveret/essem: Irrealis der Gegenwart: „Wenn meine Tochter Julia noch lebte/leben würde, wäre ich nun glücklich."

5 1. Arminius war der Anführer der Cherusker: stimmt.
2. Die Römer mochten ihn nicht, weil er auch Germanisch sprach: stimmt nicht.
3. Arminius verließ das Heer, um sich mit den Verbündeten zu beraten: stimmt nicht.
4. Die Germanen warteten voll Zorn auf die Römer: stimmt.
5. Die Getöteten wurden in das römische Lager zurückgebracht: stimmt nicht.
6. Augustus schickte neun Legionen, um mit den Germanen zu kämpfen: stimmt nicht.

Übersetzung:
Bei Tagesanbruch ruhte niemand (mehr) im Lager der Römer im Bett. Alle Soldaten waren bereit, einen Marsch mitten nach Germanien zu unternehmen. Unter den tapferen Soldaten war Arminius, ein Anführer der Cherusker. Dieser war ein Mann von hohem Ansehen, weil er die Sprache der Germanen und die lateinische Sprache gelernt hatte. Nachdem das Heer aber einige Stunden marschiert war, hat Arminius seine Soldaten verlassen, wobei er sagte, dass er schon in der Ferne germanische Feinde gesehen habe. Er sagte, es bestehe nämlich die Gefahr, dass jene einen Hinterhalt vor-bereiteten. Dadurch (Durch diese Sache) aber hat Arminius die römischen Soldaten getäuscht. An diesem Ort nämlich hat er viele germanische Freunde getroffen, die schon mit heftigem Zorn auf die römischen Soldaten warteten, um sie zu töten. Als aber die Römer sich näherten, ereignete sich sofort ein großes Blutbad. Viele römische Soldaten sind gefallen. Diejenigen aber, die nicht getötet worden sind, sind geflohen und sprachen: „Wenn wir Arminius nicht Vertrauen geschenkt hätten, wären nicht so viele Soldaten getötet worden. Wenn aber Kaiser Augustus neue Legionen schicken würde, könnten wir wieder gegen die Germanen kämpfen und würden diese sicherlich besiegen."

Lektion 31

1 gleichzeitig: deo favente: während/weil/obwohl der Gott (uns) gewogen ist/war – vobis timentibus: während/weil/obwohl ihr euch fürchtet/fürchtetet – puella spectante: während/weil/obwohl das Mädchen betrachtet/betrachtete
vorzeitig: clamore audito: nachdem/weil/obwohl das Geschrei gehört worden ist/war – signo dato: nachdem/weil/obwohl das Zeichen gegeben worden ist/war – fratre servato: nachdem/weil/obwohl der Bruder gerettet worden ist/war

2 ardere, incendere, saevire; ignis, flamma, incendium – aedificium, vicus – delere, laedere, occidere – fugere – terror – crimen – Christiani – fama – auctor

Lektion 31–32

3 Nerone auctore urbs Roma incendio deleta est: Auf Veranlassung von Nero ist die Stadt Rom durch ein Feuer zerstört worden. – Nerone a Seneca docto cives eum clementem putabant: Weil Nero von Seneca unterrichtet worden war, hielten die Bürger ihn für milde. – Nerone imperante multi Christiani necati sunt: Während Neros Herrschaft sind viele Christen getötet worden.

4
1 (Nerone imperatore) multi homines (Iesum Christum Dominum colentes) Romae
2 vivebant. Qui conveniebant in locum secretum[1], ut Deum colerent. (Ceteris
3 autem hominibus exclusis[2]) Christiani in suspicionem ceciderunt [se in his locis
4 scelera committere[3]]. Itaque (Roma ardente) Nero crimen incendii in illos vertit.
5 Et (odio Christianorum ardens) [eos in hortis suis poenis crudelibus affici] iussit.
6 Itaque multi Christiani Romam reliquerunt. Inter eos erat Petrus. Cui (in Via
7 Appia eunti) subito Christus deus apparuit. Cum Petrus stupefactus[4] constitisset
8 et rogavisset: „Domine, quo vadis?", ille dixit: „Romam propero, ut iterum
9 crucifigar[5]." (Quibus verbis dictis) Christus in caelum ascendit neque iam visus est.
10 Petrus autem, cum [se a Christo ad martyrium[6] vocatum esse] cognovisset, statim
11 Romam rediit. [Quem (a militibus Neronis captum) imperator crudeliter interfici] iussit.

1. Weil Nero herrschte, lebten viele Christen in Rom: falsch.
2. Christen schlossen Andersgläubige aus: wahr.
3. Viele Christen flohen nach dem Brand aus Rom: wahr.
4. Christus erschien Paulus auf der Via Appia: falsch.
5. Christus verschwand im Himmel, ohne etwas gesagt zu haben: falsch.
6. Petrus kehrte nach Rom zurück und erlitt dort einen grausamen Tod: wahr.

Übersetzung:
Unter dem Herrscher Nero/Während Nero herrschte, lebten viele Menschen, die Jesus Christus als Herrn verehrten, in Rom. Diese trafen sich an einem geheimen Ort, um Gott zu verehren. Weil aber die übrigen Menschen ausgeschlossen worden waren, gerieten die Christen in den Verdacht, dass sie an diesen Orten Verbrechen begingen. Deshalb hat Nero, als Rom brannte, den Vorwurf der Brandstiftung auf jene gewendet/gelenkt. Und vor Hass auf die Christen brennend hat er befohlen, dass sie in seinen Gärten mit grausamen Strafen versehen/grausam bestraft werden. Deshalb haben viele Christen Rom verlassen. Unter ihnen war Petrus. Diesem erschien, als er auf der Via Appia entlang ging, plötzlich Christus (als Gott). Als Petrus erstaunt stehen geblieben war und gefragt hatte: „Herr, wohin gehst du?", hat jener gesagt: „Ich eile nach Rom, um wieder/ein zweites Mal gekreuzigt zu werden." Nachdem er diese Worte gesagt hatte, stieg Christus in den Himmel auf und ist nicht mehr gesehen worden. Petrus aber ist sofort nach Rom zurückgegangen, nachdem/weil er erkannt hatte, dass er von Christus zum Zeugnis (für den Glauben) gerufen worden war. Kaiser Nero hat befohlen, dass dieser, nachdem er von seinen Soldaten ergriffen worden war, grausam bestraft wurde.

5 16, 54 n. Chr. – Seneca – 68 n. Chr. – Circus Maximus – 6, 7 – Öffnen der Gärten, Notunterkünfte, Senkung des Getreidepreises – Christen

Lektion 32

1 PFA: recturum → regere: herrschen; futurum → esse: sein; acturum → tun, handeln; ducturum → ducere: führen; missurum → mittere: schicken; iturum → ire: gehen

2 1. Constantinus (dormiens) crucem vidit: PC mit PPA → Konstantin hat schlafend ein Kreuz gesehen.
2. Tum (in spem victoriae adductus) [arma militum signo crucis affici] iussit: PC mit PPP; AcI → Danach hat er, nachdem er zu der Hoffnung auf einen Sieg bewegt worden war, befohlen, dass die Waffen der Soldaten mit dem Kreuzzeichen versehen werden.
3. Hostes pontem transierunt (cum Constantini militibus pugnaturi): PC mit PFA → Die Feinde haben die Brücke überquert, um mit den Soldaten des Konstantin zu kämpfen.
4. (Exercitibus acriter contendentibus) populus in urbe desperabat: Abl. abs. → Während die Heere heftig (miteinander) kämpften, verzweifelte das Volk in der Stadt.
5. [Constantinum enim victurum non esse] putabat: AcI → Es glaubte nämlich, dass Konstantin nicht siegen werde.
6. Maxentius (in Tiberim flumen praecipitatus) mortuus est: PC mit PPP → Maxentius ist gestorben, nachdem er in den Fluss Tiber gestürzt war.

3 velut – wie; armatus – bewaffnet; liber – Buch; reperire – finden; potestas – Macht; fidus – treu; gerere – führen; crux – Kreuz; inducere – hineinführen; res publica – Staat; fugare – in die Flucht schlagen; par – gleich; procedere – vorrücken; vincere – siegen; ferrum – Eisen; multitudo – Menge; inspicere – hineinschauen;
fehlende deutsche Bedeutung: (conficere) beenden, erledigen

4 Maxentius – 2. Diokletian – 3. Kreuz – 4. Schild – 5. Tiber – 6. Toleranzedikt – 7. Fisch – 8. Theodosius – 9. Helena – 10. Milvisch

5 Konstantin liebte seine Frau Fausta sehr. Er war sehr eifersüchtig, glaubte, dass er seine Frau als Einziger lieben dürfe. Als er merkte, dass sie ihn angelogen hatte, hat er sie töten lassen.

Übersetzung:
Konstantin liebte seine Gattin Fausta, eine Frau von hervorragender Schönheit, sehr, er war aber oft von zu Hause fort, um Krieg zu führen. Im Jahre 326 aber hat er von Boten erfahren, dass sich sein Sohn Crispus sehr heftig in Fausta verliebt habe/dass sein Sohn Crispus in großem Verlangen zu Fausta entflammt sei. Sofort ist Crispus auf dessen Veranlassung hin getötet worden. Der Kaiser glaubte nämlich, dass er allein Fausta liebe und immer lieben werde. Später aber war Konstantin sehr zornig, nachdem er erfahren hatte, dass sein Sohn seine Gattin überhaupt nicht geliebt, sondern Fausta gelogen hatte/eine falsche Sache gesagt hatte. Deshalb hat er gesagt, dass er seine Gattin grausam bestrafen werde. In der Tat ist Fausta kurz darauf/nach kurzer Zeit grausam getötet worden.

Selbsttests Lektion 21–24

Lektion 21

VOK a. dolus, doli m – List; contendere, contendo, contendi – sich anstrengen; eilen; kämpfen; behaupten – postquam – nachdem

    b. 1 Die Feinde haben den Strand unter/mit großem Geschrei verlassen.
    2 Der Priester hat alle Ansichten gutgeheißen/gebilligt.

GR a. rebus: Dat./Abl. Pl. f; fidem: Akk. Sg. f; spes: Nom. Sg. f/Nom./Akk. Pl. f; rerum: Gen. Pl. f; fidei: Gen./Dat. Sg. f; spe: Abl. Sg. f

    b. testis magna auctoritate: Abl. der Beschaffenheit – ein Zeuge von hohem Ansehen/ein sehr angesehener Zeuge; puellae magnae prudentiae: Gen. der Beschaffenheit – Mädchen von großer Klugheit/sehr kluge Mädchen; vir ingenti vi corporis: Abl. der Beschaffenheit – ein Mann von ungeheurer Körperkraft/ein sehr starker Mann

T 1. Paris, ein Sohn des Königs der Troianer, segelte über die Meere und kam nach Sparta. 2. Nachdem er Helena, die sehr schöne Königin/die Königin von herausragender Schönheit, gesehen hatte, hat er sich sofort sehr in sie verliebt. 3. Niemals hatte er eine so schöne Frau gesehen. 4. Weil aber Menelaos, der König der Spartaner und ein Mann von hohem Ansehen/ein sehr angesehener Mann, schon lange abwesend war, hat Helena ihm die Treue nicht gehalten. 5. Denn die Königin ist mit Paris nach Troia geeilt.

K Richtige Aussagen sind: 1, 4, 5, 8.

Lektion 22

VOK a. accidere, accidit, accidit – sich ereignen, zustoßen; porta, portae f – Tor, Tür; hinc – von hier

    b. 1 Die Verbündeten befürchteten einen Hinterhalt.
    2 Die Frauen warfen sich dem König zu Füßen.

GR a. blandus – blande; gravis – graviter; libens – libenter; acer – acriter

    b. 1. hanc portam 2. his modis 3. hac re 4. huius remedii 5. hi/hos hostes 6. huic/hoc muro

T 1. Die Griechen waren schon lange über das Meer gefahren/gesegelt, als sich plötzlich ein ungeheuer großer Sturm erhob/ereignete. 2. Aus dieser Gefahr sind viele Gefährten von Odysseus nicht unversehrt entkommen. 3. Dann kam Odysseus zur Insel Ogygia, wo Kalypso, eine sehr hübsche und schöne Göttin lebte. 4. Diese begann den Mann von großer Klugheit sehr zu lieben/fing an, sich in den Mann … sehr zu verlieben. 5. Deshalb erfreute sie ihn mit allen Vergnügungen. 6. Odysseus lebte dort lange glücklich.

K Mit Odysseus stehen in direktem Zusammenhang: Penelope, Ithaka, Poseidon, Polyphem, Phaiaken, Telemachus, Kirke, Kyklopen.

Lektion 23

VOK a. constituere, constituo, constitui, constitutum – beschließen; festsetzen; cupiditas, cupiditatis f – Wunsch, Verlangen; tantus – so groß, so viel

    b. 1 Die Flotte ist von dem Anführer der Troianer versammelt worden.
    2 Das Volk der Römer wird den Erdkreis beherrschen.

GR a. missus: mittere; factum: facere; posita: ponere; relictum: relinquere; iussus: iubere; monitus: monere

    b. 1. timor bestiarum: Gen. obiectivus: Furcht vor wilden Tieren
    2. ira Achillis: Gen. subiectivus: der Zorn des Achill
    3. amor patris: Gen. subiectivus: die Liebe des Vaters/Gen. obiectivus: die Liebe zum Vater

T 1. Der Anführer der Troianer ist durch die Tränen der Königin nicht berührt worden. 2. Nachdem die Flotte vorbereitet worden war, hat Aeneas mit seinen Gefährten Afrika verlassen. 3. Später ist er in das Reich der Toten hinabgestiegen, wo er die tote Dido getroffen hat. 4. Sofort ist er von Schmerz ergriffen worden und hat die Tränen nicht zurückgehalten. 5. Wieder ist er in Liebe zur Königin entflammt (worden); deshalb hat er gesagt: 6. „Ich habe dich nicht aus eigenem Antrieb verlassen. Von den Göttern bin ich (dazu) gezwungen worden."

K 1 Aeneis – 2 Troianer – 3 Italien – 4 Dido – 5 Merkur – 6 Selbstmord – 7 der Unterwelt – 8 davon/weg

Lektion 24

VOK a. obtinere, obtineo, obtinui, obtentum – erlangen, behaupten; audacia, audaciae f – Frechheit, Kühnheit; ambo – beide

    b. 1 Jeder hat mit höchstem Eifer eine Mauer errichtet.
    2 Ein wenig später hat der eine den anderen verspottet.

GR a. Plusquamperfekt: auditum erat; lecti erant; reddita eram
    Futur II: missi erunt; datum erit; moniti eritis

    b. Qui → Amulius: Romulus und Remus waren von Amulius ausgesetzt worden. Dieser war sehr grausam.
    Quae → urbem: Später haben die Brüder eine Stadt gegründet. Diese ist nach dem Namen des Romulus benannt worden.

T 1. König Amulius hatte befohlen, dass Sklaven die Söhne der Rea Silvia töten. 2. Diese aber haben beschlossen, obwohl sie von großer Furcht ergriffen worden waren, dass sie die kleinen Jungen nicht töten, sondern sie am Ufer des Tiber aussetzen. 3. Nachdem die Sklaven die Brüder lange betrachtet hatten, hat einer von ihnen gesagt: 4. „Wenn die Jungen nach dem Willen der Götter gerettet werden, werden sie vielleicht in ihre Heimat zurückgehen."

K 1 Tusci – 2 Tarquinius Superbus – 3 Totenstädte – 4 Toscana

Lektion 25

VOK a. os, oris n – Mund, Gesicht; perficere, perficio, perfeci, perfectum – ausführen, vollenden; quia – weil

b. 1 Das Volk ist von großer Freude ergriffen worden/mit großer Freude versehen worden.
2 Der Begleiter hat alle Aufträge ausgeführt.

GR a. urbem conditam: Akk. Sg. f; res auditae: Nom. Pl. f; hosti necato: Dat. Sg. m; hostes ductos: Akk. Pl. m

b. 1. Hostes oppidum (moenibus altis circumdatum) capere non potuerunt.: Die Feinde konnten die Stadt nicht einnehmen; sie war nämlich mit einer hohen Mauer umgeben. – Die Feinde konnten die Stadt nicht einnehmen, weil sie von einer hohen Mauer umgeben war. – Wegen der hohen Mauer der Stadt konnten die Feinde die Stadt nicht einnehmen.
2. Aeneas (dolore Didonis motus) reginam reliquit.: Aeneas hat die Königin verlassen; trotzdem war er von dem Schmerz Didos bewegt (worden). – Obwohl Aeneas von dem Schmerz Didos bewegt worden war, hat er die Königin verlassen. – Trotz (des Empfindens) des Schmerzes von Dido hat Aeneas die Königin verlassen.

T 1. Weil das Volk zu großen Arbeiten gezwungen worden war, war es dem König Tarquinius feindlich gesinnt. 2. Auch die Anführer der Bürgerschaft waren zornig, weil der König durch Furcht vor einem Hinterhalt bewegt viele von ihnen getötet hatte. 3. Das Leben von Brutus aber, der von allen verspottet worden war, war sicher. 4. Einst hat Tarquinius seine Söhne nach Delphi geschickt, da er durch ein Zeichen der Götter beunruhigt worden war. 5. Dort haben die Söhne des Königs das Orakel befragt, weil sie von Sorgen angetrieben (worden) waren.

K consules – Staatsgeschäfte; aediles – Sicherheit; praetores – Rechtsprechung; quaestores – Staatskasse

Lektion 26

VOK a. animadvertere, animadverto, animadverti, animadversum – bemerken, entdecken; liberi, liberorum m – Kinder; immo – ja sogar, im Gegenteil

b. 1 So viele Nachtwachen bewachten sorgfältig die Burg.
2 Wenige sind den Berg hinaufgeklettert.

GR a. rogabamur: 1. P. Pl. Imperfekt Pass. – wir wurden gefragt; ducentur: 3. P. Pl. Futur I Pass. – sie werden geführt werden; capimini: 2. P. Pl. Präsens Pass. – ihr werdet ergriffen; terrebor: 1. P. Sg. Futur I Pass. – ich werde erschreckt werden

b. 1. Romani Aeneam pium appellabant. – Die Römer bezeichneten Aeneas als fromm.
2. Omnis plebs Tarquinium regem crudelem putabat. – Das ganze Volk hielt Tarquinius für einen grausamen Herrscher.

T 1. Der Anführer der Gallier, die den Mons Capitolinus/den Kapitolsberg erobern wollten, hat gesagt: 2. „Warum halten sich die Römer in der Burg für sicher? 3. Wir Gallier werden von keinem Römer erschreckt. Die Stadt ist eingenommen worden, auch die Burg wird eingenommen werden, wenn wir uns alle als tapfer erwiesen haben. 4. In großer Stille werden wir an den Berg anrücken und diesen hinaufsteigen. 5. Dann werden die Männer getötet und die Frauen in die Sklaverei weggeführt werden."

K Brennus: Wiegen mit falschen Gewichten – Gold – Vae victis! (Roms Ende)
Pyrrhus: Anfang des 3. Jh.s v. Chr. – Tarent – 20 Kriegselefanten („Pyrrhus-Sieg")

Lektion 27

VOK a. eripere, eripio, eripui, ereptum – entreißen; manus, manus f – Hand, Schar; contra – gegen

b. 1 Es ist notwendig, dass jene Soldaten abgewehrt werden.
2 Von Gier/Geiz verleitet hast du die Freundschaft vernachlässigt.

GR a. exercitum: Akk. Sg.; exercitibus: Dat. Pl./Abl. Pl.; exercitu: Abl. Sg.; exercitui: Dat. Sg.; exercituum: Gen. Pl.; exercitus: Nom. Sg./Gen. Sg./Nom. Pl./Akk. Pl.

b. viris oppugnantibus, matronae imperantes, puerorum certantium, populo regenti, periculum instans, canem custodientem

T 1. Der Senat hat, durch die Furcht vor Hannibal bestimmt/aus Furcht vor Hannibal, dem Konsul Scipio (die) Heere übergeben. 2. Dieser fasste einen neuen Plan. 3. Denn indem er die römischen Soldaten nach Afrika übersetzte, hatte er im Sinn,/hatte er vor,/plante er, Karthago anzugreifen und die Stadt zu zerstören. 4. Die führenden Männer Karthagos holten sofort einen Boten herbei und sagten: 5. „Eile zu Hannibal! Weil wir eine große Gefahr befürchten, befehlen wir, dass er nach Afrika zurückkehrt/befehlen wir ihm, nach Afrika zurückzukehren."

K Sachlich richtige Aussagen sind: 1, 3, 6, 8.

Lektion 28

VOK a. concedere, concedo, concessi, concessum – erlauben; zugestehen, einräumen; ratio, rationis f – Art und Weise; Vernunft; (vernünftiger) Grund; tantum – nur

b. 1 Der Großvater ruht im Bett. – 2 Dieser (da) überlegt in seinem Sinn/plant täglich ein Verbrechen.

GR a. Konj. Präsens: expugnent, sim, finiatur, commovear, deleantur, ames
Konj. Perfekt: condita sit, perveneritis, perspexerim, fueris, irrisi simus, egerint

b. 1. Konsekutivsatz, 2. Indirekter Fragesatz, 3. Temporalsatz, 4. Begehrsatz

T 1. Die Menschen, die in Sizilien leben, kommen zu Cicero, um von ihm Hilfe zu erbitten/um ihn um Hilfe zu bitten. 2. „Von dir erbitten wir Hilfe/Wir bitten dich um Hilfe, weil Verres unsere Heimat unterdrückt. 3. Dieser handelt so, dass alle ihn fürchten. 4. Wenn er ein Haus betreten hat, wissen alle, welche Verbrechen er plant. 5. Er raubt aus Gold gemachte/gefertige Gegenstände, weil er ein Dieb ist, nicht ein/kein Prätor. 6. Sag uns, was wir machen können."

K Diese Begriffe und Jahreszahlen stehen im Zusammenhang mit Cicero: Catilina – 63 v. Chr. – res publica – homo novus – Verres – coniuratio – orator – 43 v. Chr.

Lektion 29

VOK a. comprehendere, comprehendo, comprehendi, comprehensum – ergreifen; begreifen; aditus, aditus m – Zugang; prius – zuerst, früher

b. 1 Er legt die Last ab, die er auf der Schulter getragen hat.
2 Dies meldeten die Wächter sofort.

GR a. Konj. Imperfekt: amarentur, darem, finiretur, faceres, essemus
Konj. Plusquamperfekt: pugnavissemus, fuisses, captum esset, egisset, finita essent

b. 1. gleichzeitig, 2. vorzeitig, 3. gleichzeitig, 4. vorzeitig

T 1. Als Caesar als junger Mann nach Griechenland segelte, wurde er von Piraten gefangen genommen. 2. Jene verlangten von ihm, dass ein Preis/Lösegeld bezahlt/gegeben wird. 3. Caesar schickte einen Boten/eine Botschaft nach Rom, damit seine Freunde ihn aus den Händen der Piraten befreiten. 4. Nachdem Caesar mit dem Lösegeld befreit worden war, kehrte er nach Rom zurück, sammelte Soldaten und besiegte die Piraten. 5. „Ich werde euch hinrichten lassen", sagte er, „weil ihr von so großer Frechheit gewesen seid/so große Frechheit besessen habt, dass ihr mich gefangen genommen habt/mich gefangen zu nehmen."

K Die fehlenden Wörter und Zahlen: 1 Iulius, 2 100, 3 44, 4 Pompejus, 5 Konsul, 6 Rubikon, 7 dictator, 8 Iden

Lektion 30

VOK a. caedere, caedo, cecidi, caesum – niederschlagen, töten; pars, partis f – Teil; Seite, Richtung; cras – morgen

b. 1 Der Gesandte brachte schlechte Nachrichten.
2 Verzeih mir, weil/dass ich deine Ruhe unterbrochen/gestört habe.

GR a. fers: du bringst, trägst; tuli: ich habe gebracht; tulerant: sie hatten gebracht; latum est: es ist gebracht worden; ferte: tragt; feremus: wir werden tragen

b. 1 rogares, essem: Konjunktiv Imperfekt – Irrealis der Gegenwart – Wenn du mich fragtest/fragen würdest, wäre ich froh. 2. rogavisses, fuissem: Konjunktiv Plusquamperfekt – Irrealis der Vergangenheit – Wenn du mich gefragt hättest, wäre ich froh gewesen.

T 1. Weil Augustus nur eine Tochter hatte, wäre er glücklich gewesen, wenn er auch Söhne gehabt hätte. 2. Oft dachte er: „Wenn ich Söhne hätte, könnte ich sie lehren, auf welche Weise ich den Staat lenke. 3. Wenn mein Neffe Marcellus nicht aus dem Leben geschieden wäre/verstorben wäre, würde er an die Stelle des Kaisers nachfolgen." 4. Als berichtet worden war, dass auch seine Enkel Gaius und Lucius tot seien, verzweifelte Augustus an seinem Schicksal.

K 1 Divus Iulius – 2 princeps inter pares – 3 corona civica – 4 imperium

Lektion 31

VOK a. premere, premo, pressi, pressum – (unter)drücken; drängen; crimen, criminis n – Vorwurf; Verbrechen; fere – fast, ungefähr

b. 1 Er blickt vom Turm auf die alten Gebäude und Gassen/Stadtviertel.
2 Ich trage Verse vor und singe gleichzeitig.

GR a. sociis spectantibus; aditu clauso; moenibus exstructis; onere deposito; matrona quiescente; re cognita

b. 1. (Unterordnung:) Nachdem das Heer in das Lager zurückgeführt worden war, hielt der Feldherr eine Rede. (Beiordnung:) Das Heer wurde in das Lager zurückgeführt und dann hielt der Feldherr eine Rede. (Substantivierung:) Nach der Rückführung des Heeres ins Lager hielt der Feldherr eine Rede.
2. (Unterordnung:) Wenn die Sonne untergeht, schlafe ich. (Beiordnung:) Die Sonne geht unter und ich schlafe währenddessen. (Substantivierung:) Bei Sonnenuntergang schlafe ich..

T 1. Nachdem die Stadt Rom durch ein Feuer vernichtet worden war, befahl Kaiser Nero, dass ihm ein goldenes Haus gebaut werde. 2. Obwohl seine Gärten geöffnet worden waren und Getreide gegeben/verteilt worden war, liebten ihn die die Bürger nicht, weil sie glaubten, dass er die Stadt angezündet hatte. 3. Während die Bürger der Stadt das Unglück ertrugen, segelte Nero nach Griechenland, um an den Olympischen Spielen teilzunehmen. 4. Während ihr Kaiser bei den Griechen sang, litten die römischen Bürger Not an allen Dingen. 5. Als Nero tot war, wurde Galba zum Kaiser gemacht.

K Die fehlenden Wörter und Zahlen: 1 54 – 2 Augustus – 3 Tiberius – 4 16 – 5 Seneca – 6 64 – 7 der Kaiser Nero – 8 Christen

Lektion 32

VOK a. inducere, induco, induxi, inductum – (hin)einführen; verleiten; potestas, potestatis f – Möglichkeit; Macht; extra – außerhalb

b. 1 Die bewaffneten Soldaten sind besiegt und in die Flucht geschlagen worden.
2 Sie führen Krieg. Ist der Sieg sicher?

GR a. PPA: mittens, PPP: missus, PFA: missurus

b. 1. Spero (amicos mox ad me venturos esse). – Ich hoffe, dass die Freunde bald zu mir kommen werden.
2. Imperatori (exercitum hostium urbem petiturum esse) nuntiatum est. – Dem Feldherrn wurde gemeldet, dass das Heer der Feinde die Stadt angreifen werde.

T 1. Helena, die Mutter des Konstantin, suchte die Stadt Jerusalem auf/reiste in die Stadt Jerusalem, um das Kreuz Christi zu suchen. 2. Sie hatte versprochen, dass sie das Kreuz nach Rom bringen werde. 3. Auch die Körper/Leichen der drei Könige, die Geschenke gebracht hatten, fand sie und nahm sie mit nach Italien. 4. Niemand wusste damals, dass ein Priester viele Jahre später Teile dieser Körper nach Germanien bringen wird.

K 1 Maxentius – 2 an der Milvischen Brücke – 3 Toleranzedikt (313) – 4 Theodosius

Lektion 31

4 Klammere zunächst alle AcI, PC und Abl. abs. ein und entscheide dann, ob die Aussagen wahr oder falsch sind.

	wahr	falsch
1. Weil Nero herrschte, lebten viele Christen in Rom.	☐	☐
2. Christen schlossen Andersgläubige aus.	☐	☐
3. Viele Christen flohen nach dem Brand aus Rom.	☐	☐
4. Christus erschien Paulus auf der Via Appia.	☐	☐
5. Christus verschwand im Himmel, ohne etwas gesagt zu haben.	☐	☐
6. Petrus kehrte nach Rom zurück und erlitt dort einen grausamen Tod.	☐	☐

Domine, quo vadis?

1 Nerone imperatore multi homines Iesum Christum Dominum colentes Romae
2 vivebant. Qui conveniebant in locum secretum[1], ut Deum colerent. Ceteris
3 autem hominibus exclusis[2] Christiani in suspicionem ceciderunt se in his locis
4 scelera committere[3]. Itaque Roma ardente Nero crimen incendii in illos vertit.
5 Et odio Christianorum ardens eos in hortis suis poenis crudelibus affici iussit.
6 Itaque multi Christiani Romam reliquerunt. Inter eos erat Petrus. Cui in Via
7 Appia eunti subito Christus deus apparuit. Cum Petrus stupefactus[4] constitisset
8 et rogavisset: „Domine, quo vadis?", ille dixit: „Romam propero, ut iterum
9 crucifigar[5]." Quibus verbis dictis Christus in caelum ascendit neque iam visus est.
10 Petrus autem, cum se a Christo ad martyrium[6] vocatum esse cognovisset, statim
11 Romam rediit. Quem a militibus Neronis captum imperator crudeliter interfici iussit.

1) **sēcrētus, -a, -um**: geheim, verborgen   2) **exclūdere, -clūdō, -clūsī, -clūsum**: ausschließen
3) **scelus committere**: ein Verbrechen begehen   4) **stupefactus, -a, -um**: erstaunt
5) **crucifīgere, -fīgō, -fīxī, -fīxum**: kreuzigen, ans Kreuz schlagen   6) **martyrium, -ī** n: Zeugnis *(für den Glauben)*

5 Fülle die Lücken des Stichwortzettels für ein Referat über Nero aus.

– mit _____ Jahren im Jahre _____ Kaiser geworden

– hatte seine Ausbildung beim Philosophen _____ erhalten

– Brand Roms im Jahre _____

– Feuer war vermutlich im _____ ausgebrochen

– Dauer des Feuers: _____ Tage und _____ Nächte

– Rolle Neros beim Brand unklar

– Hilfeleistungen für das Volk: _____
  _____

– vermeintlich Schuldige der Brandkatastrophe: _____

32 Lektion

1 Suche die PFA heraus. Trage sie mit ihrem Infinitiv Präsens und dessen deutscher Bedeutung in die Tabelle ein.

recturum – ventorum – iterum – futurum – acturum – murum – ducturum – portarum – missurum – iturum

PFA	Infinitiv Präsens	Übersetzung

G 2 AcI, Abl. abs. oder PC? Entscheide, setze die Klammern und übersetze.

	AcI	Abl. abs.	PC
1. Constantinus dormiens crucem vidit.			
2. Tum in spem victoriae adductus arma militum signo crucis affici iussit.			
3. Hostes pontem transierunt cum Constantini militibus pugnaturi.			
4. Exercitibus acriter contendentibus populus in urbe desperabat.			
5. Constantinum enim victurum non esse putabat.			
6. Maxentius in Tiberim flumen praecipitatus mortuus est.			

W 3 Ordne einander zu und markiere jeweils mit der gleichen Farbe.
Zu einer Vokabel fehlt die deutsche Bedeutung, ergänze sie.

velut – armatus – liber – reperire – potestas – fidus – gerere – crux – inducere – res publica – fugare – par – procedere – vincere – conficere – ferrum – multitudo – inspicere

Staat – treu – hineinschauen – vorrücken – wie – Kreuz – in die Flucht schlagen – Menge – Buch – gleich – Eisen – Macht – siegen – bewaffnet – hineinführen – finden – führen

Fehlende deutsche Bedeutung: _____

Lektion 32

4 Trage die gesuchten Namen und Begriffe waagrecht oder senkrecht ein.

1. Name des Gegners von Konstantin
2. Er teilte das Imperium Romanum in West- und Ostrom
3. Das sah Konstantin im Traum
4. Das bemalten Konstantins Soldaten
5. In diesem Fluss starb Konstantins Gegner
6. Dadurch wurde das Christentum offiziell geduldet
7. Ein Erkennungszeichen der Christen
8. Er erhob das Christentum zur Staatsreligion
9. Name der Mutter von Konstantin
10. Name der Brücke, an der Konstantin siegte

5 Beschreibe das Verhältnis zwischen Konstantin und Fausta. Achte dabei besonders auf die satzwertigen Konstruktionen.

Liebe und Hass

1　Constantinus Faustam uxorem, feminam egregiae formae, valde amabat, sed
2　domo¹ saepe aberat bellum gesturus. Anno autem 326 a nuntiis comperit
3　Crispum filium suum magna libinine Faustae incensum esse.
4　Statim Crispus eo auctore interfectus est. Nam imperator se solum
5　Faustam amare semperque amaturum esse putabat. Postea autem
6　Constantinus, cum filium uxorem suam omnino non amavisse,
7　sed Faustam rem falsam dixisse comperisset, valde iratus erat.
8　Itaque se uxorem poenis crudelibus affecturum esse dixit.
9　Profecto Fausta brevi tempore crudeliter necata est.

1) **domō**: *von zu Hause*　2) **Crispus, -ī**: *unehelicher Sohn Konstantins*

Selbsttests

In den Selbsttests kannst du überprüfen, wie sicher deine Kenntnisse und Fähigkeiten sind:
Im Bereich **Vokabeln** prüfst du dich darin,
- die deutschen Bedeutungen zu nennen,
- bei Substantiven den Genitiv Sg. und das Genus,
- bei Verben die Stammformen zu kennen (1. P. Sg. Präsens, 1. P. Sg. Perfekt; ab L 23: PPP),
- Vokabeln im Satzzusammenhang zu erkennen und zu übersetzen.

Im Bereich **Grammatik** prüfst du dich darin,
- grammatische Fachbegriffe zu verstehen und zu verwenden,
- Formen zu erkennen, zu benennen, einzuordnen, zu bestimmen und zu bilden,
- satzwertige Konstruktionen zu erkennen und im Deutschen wiederzugeben.

Im Bereich **Text** prüfst du dich darin,
- Aussagen eines lateinischen Textes zu verstehen,
- über die Bedeutung von Vokabeln im Kontext zu entscheiden,
- Formen im Satzzusammenhang zu erkennen,
- passende Formulierungen im Deutschen zu verwenden.

Im Bereich **Kultur** prüfst du dich darin,
- Wissen über Themen der Antike anzuwenden,
- Fachbegriffe zu verstehen und zu verwenden,
- die Bedeutung der römischen Antike für die heutige Welt zu zeigen.

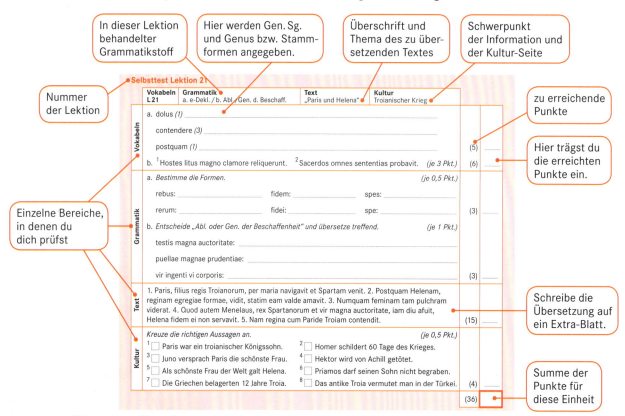

Tipps zum Vorgehen:
- Schau dir vor deiner Selbstüberprüfung den behandelten Stoff noch einmal gründlich an.
- Fülle den Test konzentriert und zügig aus.
- Kontrolliere deine Ergebnisse sorgfältig und werte sie nach den vorgegebenen Punkten aus.
- Informiere dich bei Unsicherheiten in der jeweiligen Lektion deines Cursus und deiner Begleitgrammatik.

Eine Übersicht über die Themen aller Selbsttests findest du auf der vorderen inneren Umschlagklappe des Arbeitshefts.

Selbsttests

Zur Auswertung deiner Selbsttests 21–32:

- Rechne dir für jede richtige deiner Angaben einen Punkt an, wenn in der Aufgabe nichts anderes vorgegeben ist.

- Bei den Vokabeln mit *(2)* ziehst du einen ganzen Punkt bei falschen Bedeutungen ab und je einen halben, wenn eine der Zusatzangaben, z. B. eine Stammform, nicht richtig ist.

- Bei der Übersetzung ziehst du dir von der Gesamtzahl der Punkte je einen halben Punkt ab für jeden Vokabel- oder Grammatikfehler. Wenn du bei der Wertung eines Fehlers nicht sicher bist, kannst du bestimmt deine Lateinlehrerin oder deinen Lateinlehrer fragen.

- Korrigiere sorgfältig und informiere dich, wenn dir eine Lösung nicht gleich klar ist. Wenn du beim Lösen einer Aufgabe Schwierigkeiten hattest oder du dich unsicher fühltest, wiederhole den im jeweiligen Bereich angegebenen Stoff. Du findest alle Informationen in deinem Cursus und deiner Cursus-Begleitgrammatik.

- Lege dir ein Heft für Notizen an oder benutze in deinem Heft einige Seiten dafür. Schreibe auf:
  – Vokabeln aus der Vokabel- und Textaufgabe, bei denen du nicht sicher warst,
  – Formen aus der Grammatik- und Textaufgabe, die du nicht gleich erkannt oder nicht richtig übersetzt hast,
  – Fachbegriffe und Informationen aus der Aufgabe zur Kultur, bei denen du unsicher warst.

- Notiere auch die richtigen Lösungen so, dass du damit regelmäßig üben und wiederholen kannst, indem du sie z. B. abdeckst.

- Die Punkteauswertung zeigt dir, in welchen Bereichen du sichere Kenntnisse und Fähigkeiten hast. An der Gesamtpunktzahl kannst du dein Ergebnis ablesen:

Gesamt-punktzahl	Das ist das Ergebnis deines Selbsttests:	Das kannst du daraus für deine weitere Arbeit mit dieser Lektion schließen:
36–32	Du hast hohe Sicherheit in allen vier Bereichen.	Kläre die Stellen, an denen dir Punkte fehlen.
31,5–27,5	Du bist ziemlich sicher in allen Bereichen oder in drei Bereichen recht sicher.	Schau dir die Stellen, an denen dir Punkte fehlen, genauer an, und wiederhole das Thema.
27–23	Du bist sicher in einigen Teilen, unsicher in anderen.	Überprüfe, ob dir in allen Bereichen Punkte fehlen oder in einem Bereich sehr viele. Übe und wiederhole dann entsprechend.
22,5–18,5	Du hast Sicherheit nur bei etwas mehr als der Hälfte der Aufgaben.	Überprüfe, worin deine Unsicherheiten liegen. Informiere dich über diese Themen und mache einige Übungen aus deinem Buch dazu.
18–9	Du hast zu wenig Sicherheit in mindestens zwei Bereichen oder mehrere Unklarheiten in allen.	Wiederhole systematisch alle Bereiche der Lektion, indem du dich informierst und ausführlich übst. Trainiere einige Tage lang.
8,5–0	Du hast viel zu wenig Sicherheit in allen oder gar keine Sicherheit in mindestens drei Bereichen.	Wiederhole Grundlagen und die Themen dieser Lektion. Sprich mit deiner Lehrerin/deinem Lehrer über ein passendes Trainingsprogramm.

Selbsttest Lektion 21

	Vokabeln L 21	Grammatik a. e-Dekl. / b. Abl./Gen. d. Beschaffenheit	Text „Paris und Helena"	Kultur Troianischer Krieg		
Vokabeln	a. dolus *(1)* _____ contendere *(3)* _____ postquam *(1)* _____				(5)	
	b. ¹Hostes litus magno clamore reliquerunt. ²Sacerdos omnes sententias probavit. *(je 3 Pkt.)*				(6)	
Grammatik	a. *Bestimme die Formen.* *(je 0,5 Pkt.)* rebus: _____ fidem: _____ spes: _____ rerum: _____ fidei: _____ spe: _____				(3)	
	b. *Entscheide „Abl. oder Gen. der Beschaffenheit" und übersetze treffend.* *(je 1 Pkt.)* testis magna auctoritate: _____ puellae magnae prudentiae: _____ vir ingenti vi corporis: _____				(3)	
Text	1. Paris, filius regis Troianorum, per maria navigavit et Spartam venit. 2. Postquam Helenam, reginam egregiae formae, vidit, statim eam valde amavit. 3. Numquam feminam tam pulchram viderat. 4. Quod autem Menelaus, rex Spartanorum et vir magna auctoritate, iam diu afuit, Helena fidem ei non servavit. 5. Nam regina cum Paride Troiam contendit.				(15)	
Kultur	*Kreuze die richtigen Aussagen an.* *(je 0,5 Pkt.)* ¹☐ Paris war ein troianischer Königssohn. ²☐ Homer schildert 60 Tage des Krieges. ³☐ Juno versprach Paris die schönste Frau. ⁴☐ Hektor wird von Achill getötet. ⁵☐ Als schönste Frau der Welt galt Helena. ⁶☐ Priamos darf seinen Sohn nicht begraben. ⁷☐ Die Griechen belagerten 12 Jahre Troia. ⁸☐ Das antike Troia vermutet man in der Türkei.				(4)	
					(36)	

Selbsttest Lektion 22

	Vokabeln L 22	Grammatik a. Adverbien / b. hic, haec, hoc	Text „Odysseus und Kalypso"	Kultur Odysseus		
Vokabeln	a. accidere *(2)* _____ porta *(2)* _____ hinc *(1)* _____				(5)	
	b. ¹Socii insidias metuerunt. *(3 Pkt.)* ²Mulieres se regi ad pedes proiecerunt. *(3 Pkt.)*				(6)	
Grammatik	a. *Nenne zu den Adjektiven die Form des Adverbs.* *(je 1 Pkt.)* blandus: _____ gravis: _____ libens: _____ acer: _____				(4)	
	b. *Ordne eine passende Form von* hic, haec, hoc *den Substantiven zu.* *(je 0,5 Pkt.)* 1. _____ portam 2. _____ modis 3. _____ re 4. _____ remedii 5. _____/_____ hostes 6. _____/_____ muro				(4)	
Text	1. Graeci iam diu per mare navigaverant, cum subito tempestas ingens accidit. 2. Ex eo periculo multi socii Ulixis non incolumes effugerunt. 3. Tum Ulixes ad insulam Ogygiam venit, ubi Calypso, dea bella et pulchra, vivebat. 4. Haec virum magnae prudentiae valde amare coepit. 5. Itaque eum omnibus voluptatibus delectabat. 6. Ibi Ulixes diu feliciter vixit.				(13)	
Kultur	*Unterstreiche die Namen, die in direktem Zusammenhang mit Odysseus stehen.* *(je 0,5 Pkt.)* Sparta – Penelope – Ithaka – Poseidon – Kassandra – Polyphem – Paris – Discordia – Phaiaken – Pythia – Hadrianus – Athene – Deukalion – Telemachus – Kirke – Kyklopen – Korinth				(4)	
					(36)	

Selbsttest Lektion 23

Vokabeln L 23	Grammatik a. PPP., Perf. Pass. / b. Gen. subi. – Gen. obi.	Text „Aeneas und Dido"	Kultur Aeneas

Vokabeln

a. constituere *(2)* _____

cupiditas *(2)* _____

tantus *(1)* _____ (5)

b. ¹ Classis a duce Troianorum coacta est. *(3)* ² Gens Romanorum orbem terrarum reget. *(2 Pkt.)* (5)

Grammatik

a. *Nenne den Inf. Präsens zu den PPP.* *(je 0,5 Pkt.)*

missus: _____ factum: _____ posita: _____

relictum: _____ iussus: _____ monitus: _____ (3)

b. *Entscheide: Gen.subiectivus, Gen.obiectivus oder beides? Übersetze dann.* *(je 0,5 Pkt.)*

1. timor bestiarum: _____ 2. ira Achillis: _____ 3. amor patris: _____ (3)

Text

1. Dux Troianorum lacrimis reginae tactus non est. 2. Postquam classis parata est, Aeneas cum sociis Africam reliquit. 3. Is postea in regnum mortuorum descendit, ubi Didonem mortuam convenit. 4. Statim dolore captus est neque lacrimas tenuit. 5. Iterum amore reginae captus est; itaque dixit: 6. „Non mea sponte te reliqui. A deis abire coactus sum." (16)

Kultur

Setze die fehlenden Wörter ein. *(je 0,5 Pkt.)*

In Vergils Epos ¹ _____ wird geschildert, wie die Schiffe der ² _____ auf dem Weg nach ³ _____ immer wieder vom Kurs abkommen. Aeneas landet u. a. in Nordafrika und verliebt sich in die Königin ⁴ _____ . Er verlässt sie erst, als ⁵ _____ ihn an seinen Auftrag erinnert. Die Königin begeht daraufhin ⁶ _____ . Aeneas begegnet ihr in der ⁷ _____ wieder, sie jedoch läuft ⁸ _____ . (4)

(36)

Selbsttest Lektion 24

Vokabeln L 24	Grammatik a. Plqupf. Pass., Fut. II Pass. / b. Rel. Satzanschluss	Text „Romulus und Remus"	Kultur Etrusker

Vokabeln

a. obtinere *(2)* _____

audacia *(2)* _____

ambo *(1)* _____ (5)

b. ¹ Uterque summo studio moenia exstruxit. *(3 Pkt.)* ² Paulo post alter alterum irrisit. *(2 Pkt.)* (5)

Grammatik

a. *Unterstreiche Plqupf. Passiv einfach, Futur II Passiv doppelt.* *(je 0,5 Pkt.)*
auditum erat – lecti erant – missi erunt – datum erit – reddita eram – moniti eritis (3)

b. *Nenne das Bezugswort des Relativ-Pronomens (je 0,5 Pkt.) und übersetze.* *(je 0,5 Pkt.)*
1. Romulus et Remus ab Amulio expositi erant. Qui valde crudelis erat.
2. Postea fratres urbem condiderunt. Quae a nomine Romuli appellata est. (3)

Text

1. Rex Amulius servos filios Reae Silviae interficere iusserat. 2. Ii autem, quamquam magno timore moti erant, constituerunt se pueros parvos non interficere, sed eos in ripa Tiberis exponere. 3. Postquam servi fratres diu spectaverunt, unus ex eis dixit: 4. „Si pueri voluntate deorum servati erunt, fortasse in patriam redibunt." (16)

Kultur

Nenne die Namen und Begriffe. *(je 1 Pkt.)*

So nannten die Römer die Etrusker: ¹ _____

Letzter etruskischer König: ² _____

Damit ehrten die Etrusker ihre Toten: ³ _____

Heutiger Name des etruskischen Siedlungsgebietes: ⁴ _____ (4)

(36)

Selbsttest Lektion 25

	Vokabeln L 25	Grammatik a. PC mit PPP / b. Übersetzungsmöglichkeiten	Text „Tarquinius Superbus"	Kultur res publica		
Vokabeln	a. os *(2)* _____ perficere *(2)* _____ quia *(1)* _____				(5)	____
	b. ¹ Plebs magno gaudio affecta est. *(3 Pkt.)* ² Comes omnia mandata perfecit. *(3 Pkt.)*				(6)	____
Grammatik	a. *Bestimme nach KNG.* *(je 0,5 Pkt.)* urbem conditam: _____ res auditae: _____ hosti necato: _____ hostes ductos: _____				(2)	____
	b. *Klammere das PC ein (je 0,5 Pkt.) und übersetze mit drei Übersetzungsmöglichkeiten (je 0,5 Pkt.).* 1. Hostes oppidum moenibus altis circumdatum capere non potuerunt. 2. Aeneas dolore Didonis motus reginam reliquit.				(7)	____
Text	1. Plebs ad magnos labores coacta Tarquinio regi inimica erat. 2. Etiam principes civitatis irati erant, quod rex timore insidiarum motus multos eorum interfecerat. 3. Vita autem Bruti ab omnibus irrisi tuta erat. 4. Aliquando Tarquinius signo deorum sollicitatus filios suos Delphos misit. 5. Ibi filii regis oraculum curis agitati consuluerunt.				(12)	____
Kultur	*Ordne jedem Amt einen Aufgabenbereich zu.* *(je 0,5 Pkt.)* consules – aediles – praetores – quaestores Sicherheit – Staatskasse – Staatsgeschäfte – Rechtsprechung				(4)	____
					(36)	____

Selbsttest Lektion 26

	Vokabeln L 26	Grammatik a. Pass. im Präsensstamm / b. dopp. Akk.	Text „Gallische Pläne"	Kultur Rom und die Gallier		
Vokabeln	a. animadvertere *(2)* _____ liberi *(2)* _____ immo *(1)* _____				(5)	____
	b. ¹ Tot vigiliae arcem diligenter custodiebant. *(4 Pkt.)* ² Pauci montem ascenderunt. *(2 Pkt.)*				(6)	____
Grammatik	a. *Bestimme (je 0,5 Pkt.) und übersetze (je 1 Pkt.).* rogabamur: _____ ducentur: _____ capimini: _____ terrebor: _____				(6)	____
	b. *Unterstreiche den doppelten Akkusativ und übersetze.* *(je 1 Pkt.)* 1. Romani Aeneam pium appellabant. 2. Omnis plebs Tarquinium regem crudelem putabat.				(2)	____
Text	1. Dux Gallorum, qui montem Capitolinum expugnare volebant, dixit: 2. „Cur Romani se in arce tutos putant? 3. Nos Galli a nullo Romano terremur. Urbs capta est, etiam arx capietur, si nos omnes fortes praebuerimus. 4. Magno silentio ad montem succedemus et eum ascendemus. 5. Tum viri necabuntur et feminae in servitutem abducentur."				(13)	____
Kultur	*Sortiere die Namen und Begriffe nach zwei Ereignissen.* *(je 2 Pkt.)* Vae victis! – Tarent – Brennus – Wiegen mit falschen Gewichten – Pyrrhus – Gold – Anfang des 3. Jh.s v. Chr. – 20 Kriegselefanten				(4)	____
					(36)	____

Selbsttest Lektion 27

Vokabeln L 27	Grammatik a. Ablativ / b. Satzglieder	Text „Scipio in Afrika"	Kultur Punische Kriege		
Vokabeln	a. eripere *(2)* _____ manus *(2)* _____ contra *(1)* _____ b. ¹ Necesse est illos milites arceri. ² Avaritia adductus amicitiam neglexisti. *(je 3 Pkt.)*			(5) (6)	___ ___
Grammatik	a. *Bestimme die Formen.* *(je 0,5 Pkt.)* exercitum: _____ exercitibus: _____ exercitu: _____ exercitui: _____ exercituum: _____ exercitus: _____ b. *Ordne den Substantiven die in KNG passenden PPA zu.* *(je 0,5 Pkt.)* certantium – regenti – instans – oppugnantibus – custodientem – imperantes viris _____ matronae _____ puerorum _____ populo _____ periculum _____ canem _____			(3) (3)	___ ___
Text	1. Senatus metu Hannibalis adductus Scipioni consuli exercitus tradidit. 2. Qui consilium novum cepit. 3. Nam milites Romanos in Africam traiciens in animo habebat Carthaginem petere urbemque delere. 4. Statim principes Carthaginis nuntium arcessiverunt dicentes: 5. „Ad Hannibalem propera! Eum in Africam redire iubemus magnum periculum metuentes."			(15)	___
Kultur	*Kreuze die richtigen Aussagen an.* *(je 0,5 Pkt.)* ¹☐ Hannibals Vater hieß Hasdrubal. ²☐ Karthago verlor seine Macht in Griechenland. ³☐ Der 1. Punische Krieg begann 264 v. Chr. ⁴☐ Am Trasimenischen See fand kein Kampf statt. ⁵☐ Karthago war wie Rom eine Landmacht. ⁶☐ Konsul Scipio war Roms Feldherr. ⁷☐ Rom siegte in der Schlacht bei Cannae. ⁸☐ Karthagos sagenhafte Königin hieß Dido.			(4)	___
				(36)	___

Selbsttest Lektion 28

Vokabeln L 28	Grammatik a. Konj. Präs. u. Perf. / b. Gliedsätze	Text „Klage über Verres"	Kultur Cicero		
Vokabeln	a. concedere *(2)* _____ ratio *(2)* _____ tantum *(1)* _____ b. ¹ Avus in lecto quiescit. *(2 Pkt.)* ² Iste cottidie scelus in animo volvit. *(4 Pkt.)*			(5) (6)	___ ___
Grammatik	a. *Unterstreiche die Formen im Konj. Präsens einfach, im Konj. Perfekt doppelt.* *(je 0,5 Pkt.)* condita sit, expugnent, moves, sim, perveneritis, fecistis, perspexerim, fueris, finiatur, irrisi simus, reddita sunt, commovear, egerint, deleantur, probantur, ames b. *Benenne die Art des Gliedsatzes.* *(je 1 Pkt.)* 1. His verbis ita terretur, ut abeat. _____ 2. Me rogavit, ubi fuerim. _____ 3. Hospes, cum intraverit, consedit. _____ 4. Cupio, ne laedaris. _____			(6) (4)	___ ___
Text	1. Homines in Sicilia viventes ad Ciceronem veniunt, ut ab eo auxilium rogent. 2. „A te auxilium petimus, cum Verres patriam nostram opprimat. 3. Qui ita agit, ut omnes eum metuant. 4. Cum domum intraverit, omnes sciunt, quae scelera in animo volvat. 5. Res ex auro factas rapit, cum fur sit, non praetor.¹ 6. Dic nobis, quid facere possimus!"			(11)	___
Kultur	*Unterstreiche die Begriffe und Jahreszahlen, die mit Cicero in Zusammenhang stehen.* *(je 0,5 Pkt.)* Karthago – Catilina – 63 v. Chr. – res publica – 121 v. Chr. – Vesta – homo novus – 81 n. Chr. – coniunx – Homer – Limes – Verres – coniuratio – imperator – Aeneas – orator – 43 v. Chr.			(4)	___
				(36)	___

Selbsttest Lektion 29

Vokabeln L 29	Grammatik a. Konj. Impf. u. Plqupf. / b. Zeitverhältnis	Text „Caesar und die Piraten"	Kultur Caesar

Vokabeln

a. comprehendere (2) _____

aditus (2) _____

prius (1) _____ (5)

b. [1] Onus, quod umero portavit, deponit. (3 Pkt.) [2] Id custodes protinus nuntiaverunt. (3 Pkt.) (6)

Grammatik

a. *Unterstreiche die Formen im Konj. Imperfekt einfach, im Konj. Plqupf. doppelt.* (je 0,5 Pkt.)
pugnavissemus, amarentur, simus, fuisses, moveratis, darem, captum esset, fuerunt, egisset, finita essent, condita est, finiretur, expugnare, faceres, detur, essemus (5)

b. *Benenne das Zeitverhältnis des Gliedsatzes zum übergeordneten Satz.* (je 1 Pkt.)

1. Cum vocem audiat, fugit. _____ 2. Cum verba audiverit, accurrit. _____

3. Cum me videret, salutavit. _____ 4. Cum abisset, laetus eram. _____ (4)

Text

1. Caesar, cum iuvenis in Graeciam navigaret, a piratis captus est. 2. Qui ab eo petiverunt, ut pretium daretur. 3. Caesar nuntium Romam misit, ut amici se e manibus piratarum liberarent. 4. Cum Caesar pretio liberatus esset, Romam rediit, milites coegit, piratas superavit. 5. „Ad supplicium vos tradam", inquit, „cum tanta audacia fueritis, ut me caperetis." (12)

Kultur

Setze die fehlenden Wörter und Zahlen ein. (je 0,5 Pkt.)

Caesars Familienname war [1]_____. Er lebte von [2]_____ v. Chr. bis [3]_____ v. Chr.

Im Jahr 60 schloss er ein Bündnis mit Crassus und [4]_____. 59 v.Chr. wurde er

[5]_____. Durch das Überschreiten des Flusses [6]_____ löste er den

Bürgerkrieg aus. 45 v.Chr. wurde er zum [7]_____ perpetuus ernannt. Ermordet

wurde er an den [8]_____ des März. (4)

(36)

Selbsttest Lektion 30

Vokabeln L 30	Grammatik a. *ferre* / b. Irrealis	Text „Augustus' Nachfolge"	Kultur Augustus

Vokabeln

a. caedere (2) _____

pars (2) _____

cras (1) _____ (5)

b. [1] Legatus nuntios malos attulit. (3 Pkt.) [2] Ignosce mihi, quod quietem interrupi! (3 Pkt.) (6)

Grammatik

a. *Übersetze die Formen von* ferre *ins Deutsche.* (je 0,5 Pkt.)

fers: _____ tuli: _____ tulerant: _____

latum est: _____ ferte: _____ feremus: _____ (4)

b. *Bestimme die Konjunktivformen, benenne den Irrealis* (je 0,5 Pkt.) *und übersetze.* (je 1 Pkt.)

Si me rogares, laetus essem. _____

Si me rogavisses, laetus fuissem. _____ (4)

Text

1. Augustus, cum filiam tantum haberet, felix fuisset, si etiam filios habuisset. 2. Saepe cogitavit: „Si filii mihi essent, eos docere possem, qua ratione civitatem regerem. 3. Nisi nepos Marcellus de vita iam decessisset, is in locum imperatoris succederet." 4. Cum relatum esset etiam Gaium Luciumque nepotes mortuos esse, Augustus de fortuna desperavit. (14)

Kultur

Ordne die richtigen Bezeichnungen den Erklärungen zu. (je 1 Pkt.)
princeps inter pares, imperium, pontifex maximus, corona civica, Divus Iulius, Octavianus

Vergöttlichter Caesar: [1]_____ Erster unter Gleichen: [2]_____

Eichenlaubkrone [3]_____ Oberkommando: [4]_____ (4)

(36)

Selbsttest Lektion 31

Vokabeln L 31	Grammatik a. Abl. abs. / b. Übersetzungsmöglichkeiten	Text „Der Künstler Nero"	Kultur Nero		

Vokabeln

a. premere *(2)* _____

crimen *(2)* _____

fere *(1)* _____ (5)

b. [1] De turri in aedificia vetera vicosque despicit. *(4 Pkt.)* [2] Versus recito et simul cano. *(2 Pkt.)* (6)

Grammatik

a. *Ordne den Substantiven die in KNG passenden Partizipien zu.* *(je 0,5 Pkt.)*
clauso – quiescente – exstructis – spectantibus – cognita – deposito

sociis _____ aditu _____ moenibus _____

onere _____ matrona _____ re _____ (3)

b. *Übersetze mit drei Übersetzungsmöglichkeiten.* *(je 1 Pkt.)*
1. Exercitu in castra reducto imperator orationem habuit.   2. Sole occidente dormio. (6)

Text

1. Urbe Roma igni deleta Nero imperator domum auream sibi aedificari iussit. 2. Hortis apertis frumentoque dato cives eum non amabant, quod eum urbem incendisse crediderunt. 3. Civibus urbis calamitatem ferentibus Nero in Graeciam navigavit, ut ludis Olympiis[1] interesset. 4. Imperatore apud Graecos canente cives Romani inopia omnium rerum laboraverunt. 5. Nerone mortuo Galba imperator factus est. (12)

Kultur

Setze die fehlenden Wörter und Zahlen ein. *(je 0,5 Pkt.)*

Im Jahr [1]_____ n. Chr. wurde zum letzten Mal ein Verwandter des [2]_____ Kaiser: Nero. Seine Vorgänger waren [3]_____, Caligula und Claudius. Nero war bei Amtsantritt erst [4]_____ Jahre alt. Er hatte Unterricht bei dem berühmten Philosophen [5]_____. Als im Jahr [6]_____ v. Chr. in Rom ein verheerender Brand ausbrach, hieß es, dass [7]_____ oder [8]_____ an dem Brand Schuld seien. (4)

(36)

Selbsttest Lektion 32

Vokabeln L 32	Grammatik a. PFA / b. AcI mit Inf. Fut. Aktiv	Text „Helena, Konstantins Mutter"	Kultur Konstantin		

Vokabeln

a. inducere *(2)* _____

potestas *(2)* _____

extra *(1)* _____ (5)

b. [1] Milites armati victi et fugati sunt. *(3 Pkt.)*   [2] Bellum gerunt. Estne certa victoria? *(3 Pkt.)* (6)

Grammatik

a. *Bilde die drei Partizipien im Nom. Sg. m.* *(je 1 Pkt.)*

mittere → PPA: _____   PPP: _____   PFA: _____ (3)

b. *Klammere den AcI ein (je 0,5 Pkt.) und übersetze (je 2 Pkt.).*
1. Spero amicos mox ad me venturos esse.
2. Imperatori exercitum hostium urbem petiturum esse nuntiatum est. (5)

Text

1. Helena, mater Constantini, urbem Hierosolyma petivit crucem Christi quaesitura. 2. Promiserat se crucem Romam portaturam esse. 3. Etiam corpora trium regum, qui dona apportaverant, invenit et secum in Italiam portavit. 4. Nemo tum sacerdotem post multos annos partes eorum corporum in Germaniam translaturum[1] esse sciebat. (12)

Kultur

Nenne die Namen und Begriffe. *(je 1 Pkt.)*

Er war der Gegner Konstantins:[1] _____

Hier fand Konstantins entscheidende Schlacht statt:[2] _____

Es bedeutete die Duldung des christlichen Glaubens im Röm. Reich:[3] _____

Er erhob das Christentum zur Staatsreligion: Kaiser [4] _____ (4)

(36)

39

Checkliste zur Selbsteinschätzung

Folgende Kompetenzen hast du in den Bereichen Wortschatz, Grammatik, Text und Kultur in den Lektionen 21–32 ausgebildet. Überlege, wie kompetent du dich jeweils darin fühlst, wie sicher du bist:

🟢 sehr sicher   🔵 recht sicher   🟡 eher unsicher   🔴 unsicher

Ich kann ...

		🟢	🔵	🟡	🔴
Vokabeln	... die wesentlichen Bedeutungen der Vokabeln nennen.	🟢	🔵	🟡	🔴
	... bei den Substantiven Genitiv Singular und Genus angeben.	🟢	🔵	🟡	🔴
	... bei den Verben die Stammformen angeben.	🟢	🔵	🟡	🔴
	... eine flektierte Form auf ihre Grundform zurückführen.	🟢	🔵	🟡	🔴
	... Lehnwörter, Fremdwörter und fremdsprachige Wörter auf die zugrunde liegende lateinische Vokabel zurückführen und ihre Bedeutung erklären.	🟢	🔵	🟡	🔴
	... Vokabeln zu Synonymen, Antonymen und Wortfamilien gruppieren und Wortfelder und Sachfelder zusammenstellen.	🟢	🔵	🟡	🔴
	... verschiedene Strategien und Prinzipien des Vokabellernens darstellen und die für mich passende Methode erläutern.	🟢	🔵	🟡	🔴

Ich kann ...

		🟢	🔵	🟡	🔴
Grammatik	... die Grundelemente und Zeichen der Verben (Stamm, Person, Tempus, Modus) erkennen und benennen.	🟢	🔵	🟡	🔴
	... die Kasus-Zeichen der Nomen erkennen und deren Funktion benennen.	🟢	🔵	🟡	🔴
	... Wörter ihrer Wortart zuordnen.	🟢	🔵	🟡	🔴
	... Satzglieder im Satzzusammenhang bestimmen.	🟢	🔵	🟡	🔴
	... Gliedsätze anhand ihrer Einleitungswörter erkennen und in ihrer Sinnrichtung unterscheiden.	🟢	🔵	🟡	🔴
	... satzwertige Konstruktionen (AcI, PC, Abl. abs.) analysieren und übersetzen.	🟢	🔵	🟡	🔴
	... Fachbegriffe der Grammatik verstehen und anwenden.	🟢	🔵	🟡	🔴